人心惟危

道心惟微

以文化心

借心化病

思考文化医学

骆降喜 著

一位大学老师带癌教书 30 年的传奇人生

广西科学技术出版社
GUANGXI NORMAL UNIVERSITY PRESS
广西师范大学出版社

·南宁·

图书在版编目（CIP）数据

思考文化医学：一位大学老师带癌教书 30 年的传奇人生 ／ 骆降
喜著. 一南宁：广西科学技术出版社，2018.1（2023.2 重印）
　ISBN 978-7-5551-0851-1

　Ⅰ. ①思… Ⅱ. ①骆… Ⅲ. ①骆降喜－生平事迹
Ⅳ. ①K825.46

中国版本图书馆 CIP 数据核字（2017）第 244732 号

思考文化医学：一位大学老师带癌教书 30 年的传奇人生

SIKAO WENHUA YIXUE

YI WEI DAXUE LAOSHI DAI AI JIAOSHU 30 NIAN DE CHUANQI RENSHENG

骆降喜　著

策　　划：姜革文	
责任编辑：赖铭洪	助理编辑：何　芯
责任校对：陈庆明	书籍设计：姚明聚　王霁雯
责任印制：伍先林	特邀编辑：邹湘侨　刘　玲

出 版 人：卢培钊	出　　版：广西科学技术出版社
社　　址：广西南宁市东葛路 66 号	邮政编码：530022
网　　址：http://www.gxkjs.com	

发　　行：广西师范大学出版社
社　　址：桂林市七星区五里店路 9 号

经　　销：全国各地新华书店
印　　刷：广西广大印务有限责任公司
地　　址：桂林市临桂区秧塘工业园西城大道　　　　邮政编码：541199
　　　　　北侧广西师范大学出版社集团有
　　　　　限公司创意产业园内

开　　本：880 mm × 1240 mm 1/32	
字　　数：75 千字	印　　张：4.75
版　　次：2018 年 1 月第 1 版	印　　次：2023 年 2 月第 4 次印刷
书　　号：ISBN 978-7-5551-0851-1	
定　　价：28.00 元	

文化醫學

丁酉春　樓宇烈

序：方向比努力更重要

我很幸运。

一是在不惑之年懂得了读经能开智慧的道理，于是潜心经典，进一步明确了人生的方向。有副对联这样说："世上数百年旧家无非积德，天下第一等好事还是读书。"我改"读书"为"读经"。"经"和"书"，境界不一样。"天下第一等好事还是读经。"书有好坏，经则不同，唯劝人向上向善。六祖慧能大师曰："经乃圣人之言，教人闻之，破迷开悟。"真实不虚。

二是在知天命之年遇到了明师。明师非名师。明师不一定出名，名师不一定明道。所谓盛名之下，其实难副，所谓高手在民间。骆老师就是明师。

得遇骆老师，还得感谢革文、广林和西悟诸位的引荐。骆老师属龙，1964年霜降酉时生，本来出生于中医世家，却去学了西医。后因身患癌症合并肌无力（俗称"渐冻人"），三次开胸，四次转移，屡败屡战，治疗不可谓不努力！生死存亡之际，走投无路之时，作为一名外科医生、解剖学老师，骆老师想起了家传中医，想起了国学经典，遂潜心研究，深得其要，彻悟生病之因、治病之法，历经三十多年终于战胜病魔，死里逃生！三十多年来，骆老师在自救与治病救人的长期实践中，对文化在医疗中的作用从悟到行、从行到得，深感文化医学妙不可言，文化在治疗中的作用不可忽视。他意识到，有病其实并不可怕，可怕的是没有"文化"！遂大力倡导"文化医学"，弘扬中华优秀传统文化，普及中医常识，治病救人，三十多年如一日，不知疲倦，不取分文。骆老师治病，总是先"话疗"，且不厌其烦，然后配合"体疗"，最后才是"药疗"。通过"话疗"打开心结，寻找致病心因，如相应，则先治心病；再开太极、瑜伽、禅步、劳动等"运动处方"以治其体，最后才开中药处方以调治寒热、虚实、表里、阴阳……开方之后，必反复叮嘱："若不改心性，吃药无益！"心身兼治，妙手回春，救人众多。今有广西师范大学出版社集团姜革文先生慧眼识人，率众结集吾师医案出版，实在是功德无量！

　　古圣曰："君子求诸己，小人求诸人。"心有郁结者，治心病是在根本上用功，是求己，是治本，常常药未至而病已愈；无视心病、只治身病是在末枝上用力，是求人，是治标，往往达不到更好的治疗效果。治标不治本，往往越努力越糟糕。就好比河水被污染了，不从源头治污，反而在下游打捞，再忙也是徒劳。方向错了，越努力离成功越远。《战国策·魏策》中有这么一个故事，说有个魏国人要去楚国，却驾车向北狂奔（楚国在魏国的南边）。此人路遇季梁（战国时期的政治家、思想家、军事家），彼此有一段对话，很值得当今医患双方深思。对话如下：

魏人曰："我欲之楚。"季梁曰："君之楚，将奚为北面？"

答曰："吾马良。"季梁曰："马虽良，此非楚之路也。"

答曰："吾用多。"季梁曰："用虽多，此非楚之路也。"

答曰："吾御者善。"季梁曰："此数者愈善而离楚愈远耳！"

方向对了，人就对了。

人对了，世界就对了。

是为序。

　　　　　　　　蒋文明（桂林市民族宗教委员会主任、党组书记）

前　言

今天的大医院人满为患，异常喧嚣，堪比春运。看病难、看病贵、看病繁、看病累，医患对立始终难以破解。

其实，大凡治病无外乎两个力量，即"内力"和"外力"。"内力"主要指"心力"（文化），也就是患者的人生观、价值观、世界观、疾病观、生死观；"外力"主要指"物力"（科技），也就是患者被动接受的各种治疗（吃药、输液、手术、放疗、化疗、生物免疫、物理理疗等）。2014年5月24日中国科学技术协会第十六届年会开幕式上，时任中国人民政治协商会议全国委员会副主席、中国科学技术协会主席的韩启德院士特别强调："医疗对人的健康只起 8% 的作用，更多的是由生活方式、生活条件、经费的保障来决定。"可见"外力"在治疗疾病时的局限性。

医之道在安其心，古今如是，东西方亦如是。

繁体的"医"字有两种写法，一种是"毉"，另一种是"醫"。这两个字读音相同，且都是上下结构。大凡上下结构的文字，其核心思想皆在下半部分。中国汉字的造字，讲究音、形、意合一。"毉"字的核心是"巫"，"巫"字从造型来看，上一横代表天，下一横代表地，中间两个"人"对面交谈。意即医生和患者面对面交谈，上至天文，下至地理，从精神到肉体上下贯通，心身通达。同理，"醫"字的核心是"酉"（下午5—7点，太阳落到西边），意为太阳西下。对于个人而言，人心就是太阳。人把心放下即为"醫"。心为阳，心处于下，则形成一个泰卦，吉利亨通。

　　"毉、醫、一"三个字，读音相同，其意也有相近之处。在我看来，这揭示了三层意思。一是医患一体，患者本人就是医生，人人体内都有强大的自愈能力；二是医患互换，医生可以变成患者，患者也可以变成医生，故医患之间应该常常相互换位思考，替对方着想，将心比心；三是医之道在安其心，医患同安。本人出生于中医世家，先祖店名"同安中医"，祖训为"安己，安人，安天下"。这揭示了医之核心文化在一个"安"字。首先，医生自己的心要安，医生必须有足够的定力，如如不动，稳稳当当；其次，要由己及人，安抚患者躁动的心。只有医患双方都达到"人心安定"的状态方可治病。在美国撒拉纳克湖畔，特鲁多①医生的墓碑刻的是这么一句话："To Cure

①爱德华·特鲁多（Edward Livingston Trudeau），1848 年出生于美国纽约的一个医学世家，20 岁进入哥伦比亚大学医学院，1871 年完成学业，开始行医。1873 年，年仅 25 岁的他不幸患上了肺结核，在那时这是绝症。他只身一人来到了纽约附近的阿迪朗达克山边休养，病情逐渐康复，3 年之后痊愈。1882 年，特鲁多得知德国医生霍尔曼通过大山清新的空气治愈肺结核病人的事迹，结合自身的经历，很受启发。在朋友的资助下，他在撒拉纳克湖畔创建了美国第一家治疗肺结核的疗养院，帮助和治愈了无数患者。之后他建立了美国第一家肺结核研究所，走在了结核病治疗和研究领域的前沿。特鲁多医生 1915 年去世，埋葬在他生前喜爱的撒拉纳克湖畔，墓碑上镌刻的是他一辈子行医生涯的座右铭："偶尔去治疗，常常去帮助，总是去安慰。"

Sometimes, To Relieve Often, To Comfort Always。"（偶尔去治疗，常常去帮助，总是去安慰）可见，中西方医学都认识到"安心"是医学的灵魂！

当今网络时代，信息海量，物欲横流，更容易引人追逐名利、急功近利，以至于人心浮躁、神不守舍、虚阳外越。从文化的角度来说，心为阳，心处于上，乃"否卦"之相。

现代人如何安心？安的是哪颗心？用什么东西来安心？又有什么办法来安心？

禅宗初祖达摩与二祖神光有一段著名的"安心"公案，很值得今天的医患深思。

达摩祖师在嵩山少林寺面壁九年，神光前来求法。

师问："汝所为何来？"

神光答："我心未宁，乞师与安。"

师曰："将心来，与汝安。"

神光答："觅心了不可得。"

师曰："与汝安心竟！"

神光顿时开悟，遂成禅宗二祖。

这段文字，历来仁者见仁，智者见智。

我思考多年，乃有顿悟。达摩好比医生，神光好比病人，自古医不叩门，病人必须主动求医，故达摩祖师并未主动发问。神光前来求法，其实就是有病来求医。求医，其实就是求心安。医生（达摩）如何才能安抚患者（神光）的心呢？达摩说："将心来，与汝安。"（把心拿来我替你安）这六个字，字字如斗，

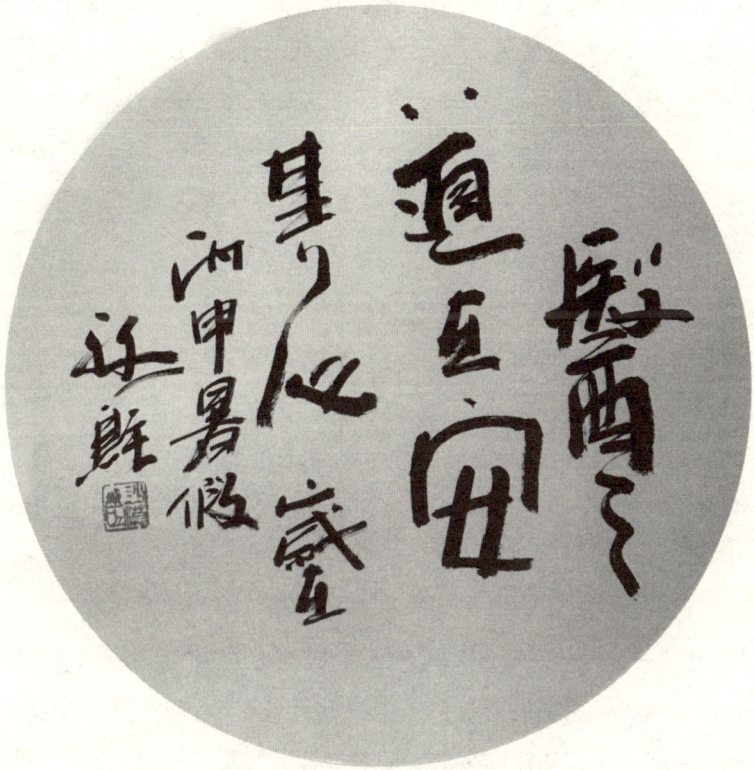

"醫之道在安其心"

光明澄澈，如六合时邕。神光答："觅心了不可得。"（心根本就找不到）这是最吃紧的一句话，可谓醍醐灌顶，豁然开朗，大彻大悟。既然"觅心了不可得"，即进入了"无心"（放下）的状态，此时还需要安心吗？故达摩祖师说："与汝安心竟！"（我已经替你安好了）这可算"文化医学"模式的经典案例。

我从一个医生变成病人，又从病人变成医生，以双重身份潜心医患研究三十余载，反复咀嚼、品味"毉、醫、一"三个字，提出"以文化心，借心化病"，意在最终实现"人人皆医（毉、醫）"的和谐医患关系。这，既是患者的企盼，也是医生的企盼，更是和谐社会的企盼。

"以文化心"，这个"文"，是指中华传统文化，或曰"圣贤文化"；这个"心"，当然是指人的私心、邪心、恶心等，也是指那些心怀怨、恨、恼、怒、烦的扭曲的心。经典文化就像太阳一样，万古常新，私心、邪心好比天上的雾霾障蔽了我们的正知、正觉、正见，容易使我们心胸狭隘，而产生很多"心病"。《易经》云："离照当空，阴霾潜消。"医生运用儒、释、道传统文化与患者面对面交谈，一旦患者"觉悟"，豁然开朗，便能开启患者的良知、良能和良心，使其真诚"忏悔"，至诚改过，怨、恨、恼、怒、烦即刻瞬间熄灭！这就是"毉"字的文化内涵。

"借心化病"，这个"心"是觉悟之心，是道心、公心、善心、毫不利己专门利人之心，是全心全意为人民服务之心。《黄帝内经》讲："正气存内，邪不可干。"正气就是正心，就是公心、善心、道心，就是觉悟之心；邪气就是病气，就是私心、恶心。医生要做的工作就是让患者放下私心、邪心、恶心，培育正心、善心、道心。只有心态调整好了，才有助于身体的康复。古德曰："人心死则道心生。"道心一旦当家，如同太阳升起，心病（雾霾）自然就不生。但是"人心惟危，道心惟微"，人心顽劣，极易反复，江山易改，禀性难移。"人心"的确不易降服，特别是患晚期癌症这类沉疴痼疾的患者的心态，只有嘱咐其必须下大决心，"过勿惮改"，时时刻刻用圣贤文化觉照自己，"时时勤拂拭，勿使惹尘埃"，不厌其烦，坚定信念，持之以恒，最终才能"冰雪消融"。这就是"醫"字的文化内涵。

"人人皆医（毉、醫）"，医者，一也。首先，医者和患者其实是一个人，也就是前面说的任何一个人身上都有天然的抗病能力，又叫免疫力，与生俱来，人人俱足。其次，医生和患者是"一家人"，"医患合一"。医生和患者必须一心一意，心往一处想，劲往一处使，相互信任，密切配合，方可战胜疾病。《内经》有云："病为本，工为标，标本不得，邪气不服。"最后，天人合一（天、地、人三者合一）。只有天时、地利、人和，知时守节，惜命重养，防患于未然，"虚邪贼风，避之有时"，"精神内守，病安从来"，才能实现"人人皆医（毉、醫）"的最高文化医学境界！

如是，从"毉"到"醫"，再到"一"，这就是"文化医学"的路线图、时间表。

骆降喜

目 录

第一章

人生无常

　　我的读书生涯是十分顺利的。1981 年 9 月，我一路过关斩将，终于跳出了"农门"，以优异的成绩进入了广西医学院（现已更名为广西医科大学），怀揣着治病救人的梦想走入了神圣的医学殿堂。可谁曾料到，我还没有当医生就先当了病人。

　　我至今依然清晰地记得，1984 年秋季学期开学后不久的一次体育课。那时，我上大学三年级。这次体育课的内容是练习单双杠。我在做引体向上时的表现，引起了钟教练的注意。其他同学可以做十几个甚至几十个引体向上，我只做了三个，还很不标准。钟教练当年五十来岁，是学校体育系一位经验丰富的教练。他看完我的表现，走到我的跟前，径直摸了摸我的两侧肩膀和胯部，翻了翻我的眼皮，没有多说，只是写了一张就诊"便条"，非常郑重地嘱咐我："明天上午你一定要到附属医院神经内科门诊检查一下。"我虽然莫名其妙，但翌日依然按照钟教练的吩咐，来到了广西医学院附属医院神经内科门诊。医生给我做了"眼肌""肩带肌""髋带肌"测试，又做了胸部 X 光正侧位片。依据这些检查，医生高度怀疑我患有前纵隔肿瘤合并重症肌无力（俗称"渐冻人"），当即建议我转胸外科住院进一步检查以便确诊后治疗。

　　我一向身体很好，从小在农村长大的孩子，几乎不

生病。在我的记忆中似乎没有生过什么大病，偶尔头疼
脑热、拉肚子，用农村刮背、扭痧、放血的土办法，不
吃药也能好。读大学之前，我是家里的主要劳动力之
一，挑水、劈柴、耙田犁地、插秧割稻、捞鱼摸虾……
所有的农活几乎都干过，虽说吃了不少苦头，但也锻炼
了我的体魄。父母亲身体也很好，母亲是十里八村有名
的"挑担能手"，20 世纪 70 年代生产队送公粮，以重
量记工分，我母亲常常能挑一百五十多斤重的担子，丝
毫不比大多数男人差，是名副其实的"大力神"；哥哥、
妹妹、弟弟身体也很好，而且在长辈眼里，我也是众多
兄弟姐妹中身体最棒的。怎么读大学了就摊上这么个怪
病？我不敢相信，也百思不得其解。

　　转入广西医学院附属医院外科病房后，医生很快就
给我做了一系列的全面检查，包括三大常规（血液、大
便、小便）、心电图、脑电图、胸透、增强造影、血型……
最后确诊：胸腺瘤合并重症肌无力。医生建议必须手术治
疗，态度非常肯定，没有商量的余地。我当时虽然已经是
医学院大学三年级的学生，可才刚刚学完基础医学课程，
对于医学几乎没有完整的概念，对于胸腺瘤和肌无力更是
一无所知。在第一次听到自己身患重病的情况下，巨大的

1987 年夏天摄于临桂县人民医院篮球场（现在为住院大楼）

恐惧让我无法冷静地思考，只能听医生的，别无选择。

现在回想，当年的手术似乎略显仓促，因为胸腺是人体的主要免疫器官，对人体具有保驾护航的作用，随意切除胸腺的做法显然缺乏对医学的整体认识和长远规划，以至于后来的四次反复发作、手术、再转移、再手术，麻烦不断，历尽艰辛，差点丢了性命……如果时光可以倒流，就我目前对医学的理解，通过修习传统文化，练习太极拳、瑜伽、禅步，调整心态，吃几服中药，有规律地生活，是完完全全可以健康生活的！因此，医学一途不可不慎。医生对疾病的干预过程必须时刻保持警惕，什么时候干预？干预到什么程度为止？值得每一位医生思考……我的经历可以作为一个典型的教材。

消息传到家中后，很快，我的父亲、堂哥赶到了南宁，并签下了手术同意书。经过一系列术前准备，于1984 年 11 月 15 日上午，我戴着氧气管，全身麻醉，选择在右侧第四肋间隙前外侧面切口进行开胸手术。那个年代，师生关系非常亲密，老师特别负责，再加上我又是本院学生，所以大家商议后决定，由时任胸外科副主任的谭震林老师主刀。手术很顺利，术后病理切片检查结果是"纵隔胸腺瘤"，但没有确定是良性还是恶性。当时没有放疗、化疗的概念，术后也就没有做放疗、化疗。手术后大约十天拆线出院，医生还开了一些治疗肌无力的药物，也就是溴吡斯的明和激素（地塞米松）。

家里还有很多农活要做，我父亲和堂哥在南宁陪了我大约半个月就回家了。我的大学同学们非常有爱心，帮我补课，替我打饭、打水、洗衣服，我很快恢复了健康，重返了教室，最终如期毕业。直到今天，每每想起大学的同班同学，内心依然充满着无比感恩之情。

1986 年 7 月，我大学毕业后被分配到临桂县（今桂林市临桂区）人民医院外科工作。当年的临桂县人民医院规模很小，在我的记忆当中，好像只有三个科（内儿科、外科、妇产科），条件非常简陋，但是手术很多，外伤手术、开腹、开胸、开颅……还经常下乡出诊，加班加点，不分白天黑夜。

1988 年国庆节，我与夫人廖端阳结婚。

我夫人在桂林市工人医院，也就是现在的桂林市第二人民医院颅脑外科工作。由于两地分居，且两人都在外科，工作任务繁重，又不停地在家和医院之间来回，久之便力不从心，疲于奔命。1990 年初，经多方努力，我被调入桂林医学院人体解剖学教研室，成为一名人体解剖学老师，开启了我的大学教师生涯。

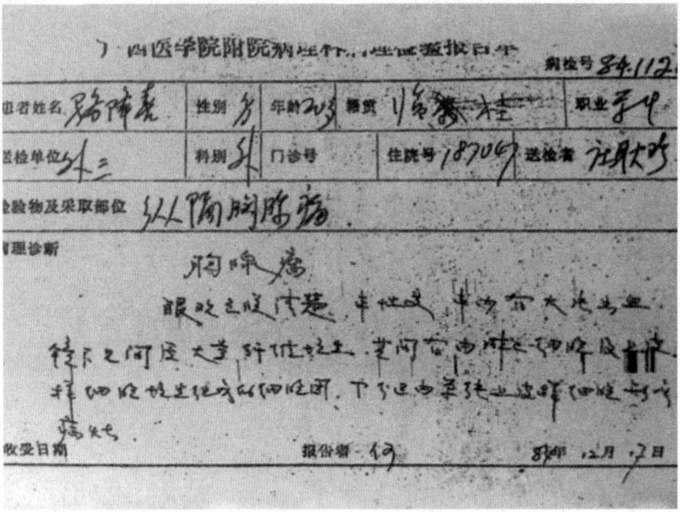

当年的病理检验报告单复印件

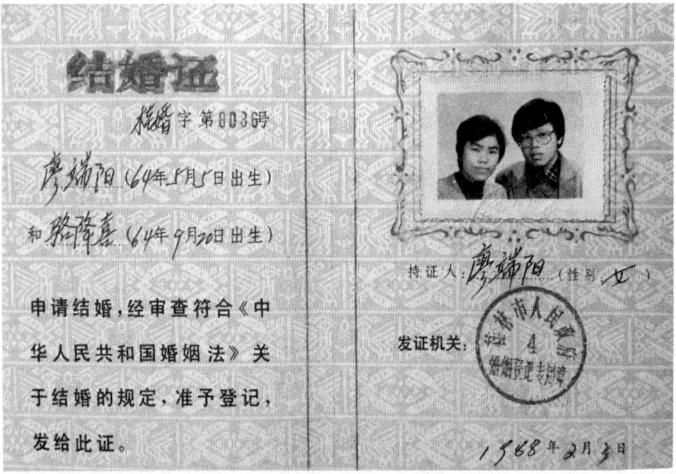

1988 年的结婚证

第二章
生离死别

1991 年 8 月，胸腺癌复发，我首先想到的就是赶快找最好的医院、最好的医生，做最好的手术，吃最好的药物，于是毫不犹豫地决定再次前往广西医科大学附属医院胸外科治疗。此时，夫人在患有慢性乙型肝炎、肝硬化之后又怀孕三个多月，我和她不能相互照顾，上演了一场"生离死别"的电影真实版。

　　由于新调入桂林医学院人体解剖学教研室工作，从拿手术刀变成拿解剖刀，一来从医生转为老师，业务不熟；二来也是年轻气盛，心有不甘。我本期望调入桂林医学院附属医院外科，成为一名前途更广阔、地位更高的外科医生，却不想成了一名工作辛苦、整天与尸体打交道、"不吉利"、收入低的解剖学老师。但事已至此，多说无益。在解剖学教研室工作需要接触大量福尔马林，这是一种外观无色透明的甲醛水溶液，是医学上用于保存人体标本的必需品。这种药水的刺激性很强，因为当时的防护措施很差，长时间下来，常常是一把鼻涕一把泪，呼吸道经常发炎。但是，为了给学生上好课又必须加倍努力，既要熟悉教材，又要亲自操刀解剖尸体。为了第二天能上好课，我常常加班到深夜，还要在业余时间训练自己的口才和板书。我夫人 1990 年上半年科室重型颅脑手术病人较多，常常需要特护，加班加点，身心疲惫，最终，因劳累过度诱发了慢性迁延性肝炎，经门诊反复治疗不愈，最后发展到肝硬化而住院。

　　当时桂林只有南溪山医院有肝病传染科。夫人的病情给我很大的压力，我每天骑自行车往返于学校和南溪山医院，上午上完课便骑车赶过去，看她把饭吃下去，再急忙骑车赶回学校上下午的课。每天往返一个多小时，一天两次。繁重的工作任务加上夫人的病情，我的生活几乎不剩下什么休息时间，连停下来喘气都是奢侈的。好在当时年轻，我咬着牙坚持挺了过来。夫人出院后不久，紧接着我就明显感觉身体不适，似乎是一根绷久了的弦突然松弛下来，没有了之前的力量。最开始的那段时间，我的右侧眼睑下垂，在教室给学生板书时用右手写字常常写着写着就成了一条逐渐往下掉的斜线，写到一半觉得手发软，便用左手托住，写到最后板书就从左上角一路掉落到右下角，右手也像脱了臼一样软软地耷拉下来，没有再举起来的力气。我当时对这些现象并没有警惕，到底还是年轻，总觉得不过是劳累，过几天就会好。但事情远比我想象的要复杂凶险得多，一段时间后，我发现自己连抬腿跨上自行车的力气都没有了。我开始口服溴吡斯的明和激素（地塞米松），但不见缓解。这时，我才意识到可能是胸腺瘤复发了，于是到桂林医学院附属医院神经内科就诊，照了胸部正侧位片，放射科医生高度怀疑胸腺瘤原位复发，建议我到桂林市人民医院做个电子计算机断层扫描（CT）检查。当时整个桂林市只有人民医院有一台 CT 机，据说还是日本熊本市赠送的。一周以后，CT 报告结果显示为"纵膈占位并转移"。这个诊断，使全家人陷入了最严重的恐慌和危机之中，我和夫人更是如雷轰顶。我们都是医务工作者，一个是外科医生，一个是外科护士，我们都年轻，我们的工作生涯才刚刚开始，却同时患上绝症。这是劫难，还是考验，我无从得知，也无暇多想。我们都是在生物医学教育模式中学成的医务工作者，脑子里充满着"科技至上"的理念。我首先想到的就是赶快找最好的医院、最好的医生，做最好的手术，吃最好的药物，越快越好！于是毫不犹豫地决定再次选择到广西医科大学附属医院胸外科治疗。

经多方努力，最后，学院领导开会研究并同意由时任桂林医学院副院长吕立达教授签字批准转南宁市广西医科大学附属医院胸外科住院手术治疗。此时，我夫人刚出院不久，已经意外怀孕三个多月，肝病还没有完全康复，又加上妊娠反应，脾胃功能较差，常常吃不下、睡不安，身体很虚弱，特别需要人照顾。

一个是胸腺癌合并重症肌无力患者需要住院手术治疗，一个是肝硬化患者怀孕三个多月需要人照顾，两个年轻人面临着生离死别的重大抉择与考验。三个脆弱的生命岌岌可危，如何是好？

经过再三思考，权衡利弊，最后我做出了一个大胆的决定：我在我父亲的陪同下前往广西医科大学附属医院治疗，我夫人送到桂林市郊区穿山乡她小姨家继续妊娠并治疗和康复。我不知道这样的决定对不对，但是当时夫人患有慢性乙型肝炎、肝硬化，医生建议这个孩子最好不要，原因是慢性乙型肝炎有传染性且低蛋白容易造成胎儿发育不良，但又不敢冒险给她做人流手术。

好在后来儿子出生后非常健康，这给了我莫大的鼓励和信心，也许是天意吧！但这都是后话了。

"夫妻本是同林鸟，大难临头各自飞。"这句话是自私无情的，但当时的我们不得不"各自飞"，多少辛酸与无奈，只能在心中为对方祈祷。直到今天，每每想起当年的悲惨情景，我和夫人都不胜感慨，辛酸泪下。

虽然我们夫妻俩都遭遇了重大疾病，都面临着生与

当年的病理检验报告单复印件

死的考验，但是"山重水复疑无路，柳暗花明又一村"，夫人腹中的胎儿让我们看到了一线希望，如同漫长冬夜里的一道光，使我们有了强大的不可动摇的精神寄托和坚定信念！现在回头想想，如果当年生死存亡关头没有儿子的出现，两个年轻人的生命将岌岌可危，后果不堪设想。

　　带着这个希望，我在登上即将开往南宁的列车时暗下决心："一定要活着回桂林，否则孩子一出生就没有爸爸！"我知道夫人也会暗自发愿："一定要善待孩子，保重自己！"也就在那时，夫人开始练习念佛、打坐，坚持吃素，所有的念头在她心中似乎都沉静下去了，她带着对孩子出生、我的平安归来的期盼，将所有的注意力都放在腹中的小生命身上。她说服自己，耐心地等待，热切期盼南宁方向传来好消息。

我的开胸手术由广西医科大学附属医院院长兼胸外科主任——著名的胸外科专家岑晓华教授（也是我当年的外科老师）亲自主刀。这次开胸选择的是胸前正中切口，沿胸骨前正中线锯开胸骨，这也就是俗称的"开膛破肚"了，伤口足有 40 余厘米。

满以为选择这个大切口可以大大地暴露手术视野，将肿瘤彻底切除，遗憾的是，开胸一看，肿瘤已经局部浸润转移，而且瘤体将上腔静脉根部牢牢套住，很难分离，即便切开了心包腔，也无法将肿瘤完全切除，如果当时强行切除，极有可能造成上腔静脉根部撕裂大出血，进而危及生命。最后，医生们在手术台上临时会诊：只能切除肿瘤的五分之三，剩下五分之二的瘤体上放置 3 颗银夹，用于术后放射治疗作定位标志。谁也没有想到，这 3 颗银夹一放就是数十年，至今未取。

术后病理检查报告结果：恶性胸腺瘤（混合型）。

手术后一周，伤口还没有拆线，我又匆匆忙忙地转到放疗科住院，接受"加速器放射治疗"。当时的求生欲望几乎使我疯狂，生怕癌细胞会随时转移。现在想想，当年的恐癌心理也是相当典型的了。

由于残余的瘤体靠近窦房结也就是心脏起搏中心，加上放疗的剂量已经达到 6000 拉德，这个剂量是非常大的。放疗持续了一个半月，随后紧接着出现的是严重的放疗后遗症：一是放射性心律失常。胸闷、心悸、乏力，不能平卧，心跳时快时慢，稍微一活动心跳就达到120 — 150次 / 分钟，心脏似乎要跳出来，非常难受。二是放射性气管炎。由于放疗的部位正对胸骨角（相当于气管分叉处），造成了整个气管分叉处的内腔黏膜充血、水肿、溃烂、化脓、出血，导致我整夜咳嗽、咳痰（脓痰、痰中带血，甚至全是血），呼吸困难，常常出现哮鸣音，无法睡觉，经常坐到天亮。直到半年以后通过练习郭林气功，痰中带血的状况才逐渐好转。三是放射性食管炎。食管正好位于气管的后方，一前一后，气管被击穿了，食管自然也难逃厄运，整个食管被射线烧得

治疗结束即将返回桂林时我（左起第五位）与同学的合影

回桂林前，我（后排左一）与同班同组同学在饭店留影

火辣辣的，只能吃流质食物，太热不行，太冷也不行，有时还出现不全性食管梗阻（动力性梗阻），每次进食都在一个小时以上，有时候不小心还会呛咳，长时间的呛咳常常让人天旋地转、眼冒金星、满头大汗，呼吸极度困难，生不如死。四是喉返神经损伤。放疗后有很长一段时间说话很吃力，声音嘶哑，这是放疗损伤了喉返神经造成的声带麻痹，并伴有呼吸困难。这一状况大约半年以后才逐渐恢复正常。

回想当年，放疗后口干舌燥，白天怕冷，晚上怕热，虚阳外越，彻夜难眠，没有食欲，吞咽困难，只能吃流质食物，营养不良，消瘦。于是我自嘲是一只意外走失的骆驼，独自行走在茫茫荒漠戈壁，面对的是极度干旱、昼夜温差大、魔鬼般的风沙甚至沙漠狼。庆幸的是我始终面带微笑，怀着信心，昂首挺胸，遥望远方，坚定地向着太阳升起的地方缓慢前行。

放射治疗的射线从胸前到背后垂直穿过，整个上纵膈所有的器官无一幸免。胸前划了四条红线为放射治疗范围，放疗区域出现麻、木、辣、痛、干、出血等情况，根本碰不得，后背心有一块黑斑也碰不得，洗澡的时候根本不敢擦拭，轻轻一擦皮就会破，可以说，整个上纵

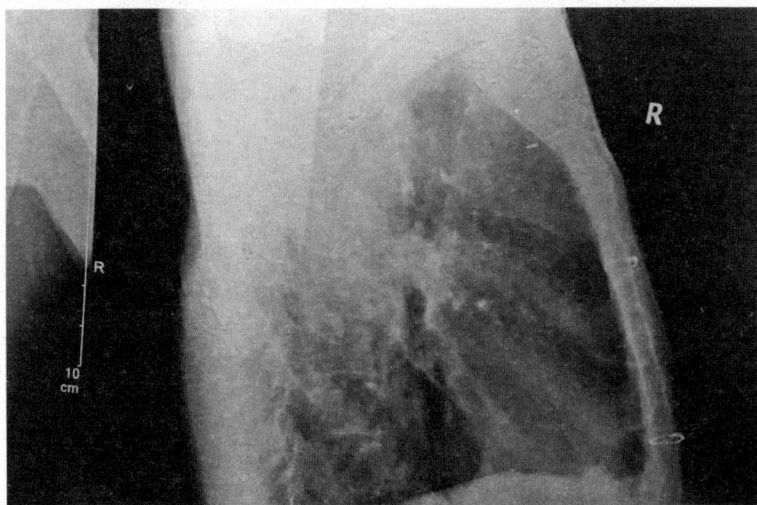

1991 年手术、放疗留下的 3 个钢丝圈和 3 颗银夹

膈被射线彻底击穿了，非常可怕。直到现在，每每想起
放疗的副作用，依然让我不寒而栗，那简直是一种极端
的酷刑啊。由于放射治疗过程非常残酷，病房里常常有
跳楼自杀的患者。见证了这些人的恐惧和逃避之后，剩
下的人在病房中也就没了闲聊的欲望，他们整日整夜躺
在床上，盯着天花板，好像死神就在不远处的上空俯视
着，随时会召唤中间的某一位，所有人脸上无不是一片
恐惧。走廊里很少有笑声，大家说话也都是低声细语的，

空气寂静得让人窒息。躺在病床上的人隔三岔五就会看到有盖着白布单的推车从走廊经过（送太平间）。

3个月的放疗之后，我带着手术后遗留在身体里的3颗银夹、3个钢丝圈回到了桂林。重逢之时，夫妻唯有"执手相看泪眼"，悲喜交加，感慨万分。

常言道："信为道元功德母，长养一切诸善根。""信"为万行之母，随着腹中胎儿一天天长大，我的归来对夫人来说也是一个奇迹。我们夫妻俩信心百倍，憧憬着未来美好的生活。我回桂林不久，也就是1991年底加入了当时的桂林市防癌抗癌俱乐部，学习郭林气功，每天与夫人一道，早晚加紧练功。除了吃饭、睡觉，剩下的时间就是练功，风雪无阻，一刻也不敢懈怠。

我印象最深刻的是1992年大年初一，我独自一人骑自行车去七星公园练功的情景。那个春节的天气特别冷，气温零下5度，整个桂林城下起了雨夹雪。我当时住在叠彩山的桂林市第二人民医院第四宿舍。凌晨4点，天还没有一丝亮光，路上也看不到任何行人，道路结了冰，一脚踩下去滑溜溜的。我独自一人骑着我那破旧的永久牌自行车前往七星公园。空气中裹挟着湿冷的味道，我一边喘着气使劲蹬车，一边努力紧握车把手以便

不畏艰险，迎难而上，夫妻同心

自行车能顺利地在湿滑的路上平稳地行走。可毕竟我当时还没有完全康复，一路的使劲儿已经使我手脚发软，自行车开始慢慢地不听使唤。到解放桥东侧下坡时，自行车一个打滑，把我重重地摔在地。

蹬自行车早已筋疲力尽，我躺在雪地里徒劳地挣扎，举目四望，天还是灰蒙蒙的，不见一个人，真是叫天天不应，叫地地不灵。在雪地上躺了半个多小时后，我用尽了全身吃奶的力气，终于爬了起来，拍了拍身上的雪，跌跌撞撞地继续前行。大有视死如归，傲视风雪，不畏任何艰难险阻的英雄气概！现在想来，仍感到欣慰和自豪。

由于夫人早晚陪我练功，她也天天走路，身体开始日渐好转，虽然没有很旺盛的食欲，但是心很平静。胎儿长得很快，她的精力、体力、心情、心态逐渐好起来，慢慢地也能正常吃饭、睡觉了。

1992 年 2 月 23 日，农历的正月二十，早晨 8 点，随着一声啼哭响彻整个产房，一个新的生命来到了人间。我的夫人自然分娩，产程顺利，生下一个儿子，孩子 8 斤 1 两，非常健康，母子平安。我给孩子取名骆阳康健，希望儿子的出生能给我们夫妻俩带来健康。我姓骆，我夫人叫廖端阳，两个人合起来称"骆阳"，"康健"是儿子的名字。因为夫人有慢性乙型肝炎，产前医生高度怀疑母子通过脐带传染，产后，医生立即抽脐带血检验慢性乙型肝炎五项，结果出乎意外：检查结果完全正常。更令人惊讶的是，直到今天，25 年过去了，孩子仍然只是与慢性乙型肝炎擦肩而过，没有受到任何影响。

正如期盼的那样，孩子的出生使我们沉浸在幸福欢乐的家庭生活中，身体也日渐恢复了健康。我们逐渐回到了各自的工作岗位，生活又恢复了平静。

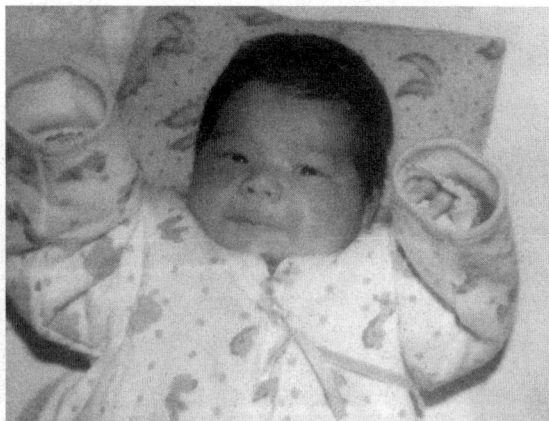

儿子满月照

1997 年漓江边，儿子 5 岁

2005 年暑假，小康 13 岁，学习太极拳

第三章

死里逃生

由于从小到大接受的"知识、技能教育"和一向养成的"科学思维"模式根深蒂固，1999 年 11 月，我的胸腺癌第三次发作转移，我依然坚定地做了第三次开胸手术。手术成功了，满以为将癌细胞斩尽杀绝就可以万事大吉了，可万万没有想到，术后诱发了有史以来最为严重的重度重症肌无力，不能吞咽和呼吸，生命进入了倒计时。

　　孩子的出生给家庭带来欢笑的同时，也增加了家庭的负担。除了工作，我和夫人每天面临的还有晚上哺乳、起夜、冲牛奶、熬米糊、换尿布、洗澡、买菜、换煤气罐等琐事。孩子稍大一点的时候，又有早期教育，送幼儿园并来回接送，生病住院、打针、喂药等事情。与此同时，自己也面临着工作、学习、科研、学历、职称、买车、买房等情况，衣食住行的压力越来越大。随着生活中繁杂的事情越来越多，锻炼的时间自然少了，心里对锻炼也越来越懈怠。衣食住行都需要经济支撑，我开始与朋友合伙做点小生意，开了一家路边小茶馆。经济有了足够的保障，夫人、孩子也都平安健康，日子似乎慢慢地好了起来，我以为自己已经过关了。工作的忙碌加上生活中的琐事，由不得我早起早睡，规律生活。我自信已经熬过去了，也就根本不在乎了，以往的恶习又死灰复燃：抽烟、喝酒、大鱼大肉，生活肆无忌惮、忘乎所以，为人又心胸狭隘，脾气也特别大。

1999 年秋季开学后不久，我又出现了类似的明显的眼睑下垂、上肢上举困难等现象，没过多久，便发展到上楼困难。我又做了一次 CT 检查，发现右侧胸膜腔有占位，随即怀疑是转移灶。桂林医学院附属医院胸外科主任宋剑飞教授告诉我，手术难度系数不是太大，也就是说完全切除的可能性很大。由于从小接受的知识教育和养成的西方科学思维，总觉得科技无所不能，科技可以搞定一切，"科技至上"在我的脑海中深深地扎下了根。再加上加大服用溴吡斯的明加激素（地塞米松）治疗也不能缓解症状，于是我想再赌一次，便坚定地决定再做第三次开胸手术。

由于诊断明确，手术难度不大，桂林医学院附属医院当时也已经单独成立了胸外科，从麻醉到手术都有一套专业设施和专业人才。因此，我决定在桂林医学院附属医院胸外科手术，由宋剑飞教授亲自主刀，采取右后外侧斜切口。为了扩大根治范围，还切除了右侧第七根肋骨。果然，手术很顺利，将肿瘤连同包膜一并完整切除，可谓一网打尽。

病理检查结果报告：转移性恶性胸腺瘤。

手术很成功，全家人皆大欢喜，满以为将癌细胞一网打尽了，接下来就万事大吉了。万万没有想到，手术后却诱发了有史以来最为严重的重度重症肌无力：全身无力，站不起来，不能行走，吞咽困难，喝水时水倒流从鼻子出，由于舌肌、咽喉肌、声带肌无力，声音小到讲话谁也听不清楚，最后发展到不能平卧，呼吸肌麻痹，呼吸极度困难，只能整夜半坐半靠到天亮，生活完全不能自理。激素和溴吡斯的明用到极量也根本不管用。这时我才清醒地意识到，我的生命进入了倒计时。与夫人商议后，我准备了遗书并挑了一个日子，半靠在墙上，由她忍着悲痛用"傻瓜相机"为我拍了一张目光呆滞、面如土色的遗像。

手术后第三个月，已是 2000 年春，我的大哥、二哥听说情况危急，便急匆匆从农村老家来看我。当时正值春耕，他们来的时候还打着赤脚，裤腿上沾满了泥土，进屋看到浑身冰冷、连坐都坐不住的我时，两个四十几岁的农村大男子汉偷偷溜到门外抱头痛哭。这些都是我的夫人后来告诉我的，他们都非常肯定地认为我的离去只是迟早的事而已。

我母亲从大哥的嘴里知道我的病情后彻夜难眠，一夜之间头发全白，她就要白发人送黑发人了，怎能我给自己准备的"遗像"

当年的病理报告单复印件

不悲痛？但她却无能为力，只有以泪洗面。

那段时间我只能半躺着。睡不着，我便一遍又一遍地想着自己的事情。我从自己的病想到学中医的外太公、大舅，想到自己的求学生涯，想到我在医院里的工作，想到我曾经面临的一次又一次的手术。我一遍又一遍地想：手术成功了，肿瘤也切除了，为何我活不下去了？

我是一个医生啊，还自称是"教医生的医生"，为何落到如此下场？我本来是个外科医生，是给别人开刀的，却一不留神被别人开了三刀。所有的科技医疗手段都用上了，为何救不了我？难道就真的没有别的出路吗？如果有，出路又在哪里呢？无数个难眠的深夜，我陷入深深的绝望。

后来我想清楚了。大凡治病无外乎两个力量，即"内力"和"外力"。"内力"主要指"心力"，也就是患者的人生观、价值观、世界观、疾病观、生死观等，这是文化的力量；"外力"主要指"物力"，也就是患者被动接受的各种治疗，比如手术、药物、放疗和化疗、生物免疫、物理理疗等，这是科技的力量。

孔子曰："君子求诸己，小人求诸人。"原来我都是向外求，都是求助别人，借助"外力"在干预治疗，却恰恰忽略了自己，忽视了强大的"内力"治疗。想到这里，我恍然大悟，如醍醐灌顶。于是，我便坚定地重新调整了方向和心态，一遍又一遍地回忆自己曾经经历的每一件事，说过的每一句话，我不停地反观自省，变向外求为向内求，我期待这样或可逃离岌岌可危的死亡之谷。

孟子曰："行有不得，反求诸己。"我在反省自己的同时，不断地尝试以不同的角度来看待医学思维和生命价值观。再三思考之后我做出了三个大胆的决定：首先把儿子送回老家，其次让夫人出来上班，最后我一个人在家静坐、练功、反思。尽管当时我的生活还不能自理，但我想，生病是我的事，我不能将所有在乎我的人都困在我的身边，如果注定要就此走到尽头，那么所有的后果就由我一人承担吧。

孩子当时在桂林民族师范学校附属小学读二年级，这是一所体制内的重点小学，都是"以分数论英雄"。小康是个品质很好、心地善良的孩子，但他性格很慢，常常做不完作业，跟不上老师的进度，成绩靠后，常常被老师留下补课。我当时的病很重，夫人照顾我已经是身心俱疲了，根本无暇顾及孩子。整个家庭笼罩在乌云中，一派沉寂，互相埋怨，唉声叹气，谁也高兴不起来，这样的家庭氛围非常不利于孩子的教育，也不利于我的情绪调整。怎么办呢？我突发奇想：孟母不是也曾三迁吗？我能否把孩子送回农村老家？换个环境，一来让他到农村广阔的大自然中磨炼，二来可以避免消极悲观的家庭环境影响，等读完小学再回城市，三来我也可以安下心来一心一意地康复。我把这个想法跟家里人提出来，开始大家都不同意，但我的态度非常坚定，不容商量。结果强行把儿子送回了农村，解除了我的一块心病。现在回头想想真是因祸得福。四年多的农村生活使他学会了干所有的农活，不但磨炼了孩子的意志，还养成了吃苦耐劳、勤俭节约、与人为善的优良品质。如今儿子已经大学毕业，品学兼优，很有爱心，很受病人欢迎，很快就要成为一名中医科大夫。

又为何让我夫人去上班呢？因为手术后三个多月我夫人一直照顾我，不分白天黑夜，非常疲惫，虽然不离不弃，但已经心力交瘁、悲观失望。久而久之，她的病情逐渐加重。我们在对方身上看不到一点希望，有的只是郁郁寡欢，唉声叹气，情绪非常低落。这样下去，两个年轻人的生命岌岌可危。与其绑在一起死，不如解放一个，所有的后果由我一人承担，哪怕牺牲我一个人，也要解救她们母子俩。于是，我在当时生活还不能自理甚至随时都有生命危险的情况下，毅然决然地要求我夫人去上班，一来让她调剂一下心情，二来减轻她的劳动负担。当时医院为了照顾她，特意安排她在门诊注射室工作，没有夜班。三来我可以静下心来一心一意地反省自己，调理身心。

当时我住在桂林医学院东城校区大板房，离夫人上班的地方比较远，她只能早出晚归，中午也不回家，我嘱咐她在单位好好休息。我当时做好了最坏的打算，坚定地对我夫人说："你帮我煮好一锅稀饭，就放心地去上班，我反正是这样了，生死有命，富贵在天，你守着我也不能解决问题，倒不如放手一搏，如果你哪天下班回家发现我不行了，就直接打电话送火葬场，不用开追悼会，反正已经山穷水尽了，不如把生死彻底放下！"

2000年3月1日的晚上，我跟平时一样辗转难眠，却一不小心从床上滑落下来，因为四肢无力，怎么也爬不上床。我夫人由于长期劳累，后半夜能沉睡一会，我不忍心叫醒她，便在床底睡了一夜。第二天早晨夫人发现我睡在床下，泪流满面，心如刀绞。我当时走路、吃

2003 年，小康在老家劳动（前排右一）

饭、上厕所均很困难，甚至好几次在厕所摔倒爬不起来，最后干脆就在厕所睡着了，但我始终没有放弃，坚定地相信我一定能重新站立起来。正如前文所言：面对病魔，始终面带微笑，满怀希望，遥望远方，坚定地向着太阳升起的地方艰难而缓慢地前行……夫人每天早上几乎都是含着眼泪、忐忑不安地出门，晚上回家又总是蹑手蹑脚地开门，生怕发生不愿意看到的一幕。但是，我的每一次微笑和泰然处之的定力，又总是让夫人不得不提着心出门……我开始一天一天地好转，慢慢地，我可以站立起来了，开始修炼"禅步"。刚开始扶着床练，慢慢到扶着墙练，动作很慢：闭目，抬腿，落地，放平，呼气，导重心，意念涌泉，再迈步，叹气，放松，左右交叉……成千上万次的反复练习，不厌其烦，渐渐地找到了感觉。终于有一天，我能扶着墙走出家门晒太阳了。这时，我夫人悬着的一颗心才真正落地！

大约手术后半年，我第一次走路到七星公园锻炼，不到一千米的路程，我歇了 3 次，中途还摔了一跤，心里却乐滋滋的。我毕竟走出了家门，见到了昔日的病友，如同囚笼里放飞的小鸟，内心生起了无限的感慨和希望，也充满了正能量！我当时只有一个念头："宁可死在公园，决不死在医院！"随着天气渐渐暖和，锻炼的次数开始增多，我的肌无力症状也渐渐缓解，日常生活开始慢慢基本能够自理，能自己吃饭、穿衣、大小便、走路、买菜、做饭。全家人这时才真正松了一口气。

2000 年秋季开学，我向学校提出上半天班的要求，学校同意了。教研室的全体老师对我很好，特意给我安排一些比较轻松的课。即便如此，我还是在大学讲台上因癫痫和肌无力发作晕倒了两次，被救护车送到桂林医学院附属医院抢救。教研室主任建议我在家全休，但我一想到在家的心态，便坚决要求上班，态度非常坚定，并暗暗发誓："死在讲台上总比死在病床上光荣！"

常言道："人有善念天必佑之！"我调整了作息，坚持半天练功半天上班，合理安排时间，充分体现了一个大学教师活着的价值。

2001 年春季开学，随着我的肌无力症状进一步改善，信心也越来越足。怀着知恩、报恩、"仁者爱人"的想法，我决定上全班并坚持周末在公园"现身说法"，为癌症患者做公益讲座。

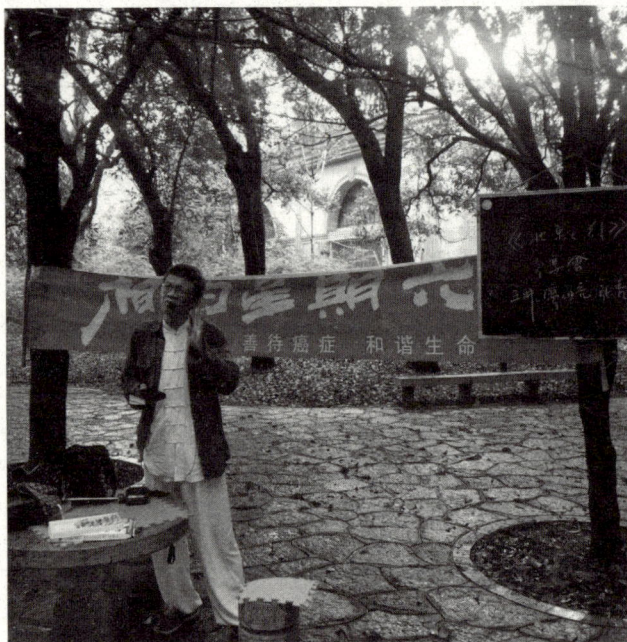

公园公益讲座

第四章

文化『治癌』

　　癌症治疗领域的"三板斧"（手术、放疗、化疗）似乎成了"黄金定律"，不可逾越。然而，有些时候，这些创伤性治疗往往适得其反，甚至，治疗的副作用远远大过癌症本身的危害。2006年秋季开学不久，我的胸腺癌第四次复发并肝肺多发转移，此时我对以往二十多年的癌症治疗进行了认真的、深刻的反思，最终我坚定地选择了敬畏生命，善待癌症，反观自省，好好活着！

说到癌症，我们都会下意识地产生恐惧。其实，正确看待它的心态是很重要的。癌症虽然以肿块的形式显示在身上，然其在一定程度上受心态的影响，每一个癌症患者的背后都有一段旁人不知的经历。由于受生物医学模式的影响，现代医学更多地注重肿块本身和指标，以形究形。

2006年秋季开学，学校接受国家教育委员会对本科院校进行的教学评估，全院总动员，各个科室加班加点，不分白天黑夜地完善以前的相关教学资料，填写各种表格、清单。这样一来，早晨锻炼的时间就无法保证，再加上繁重的教学任务，整个人心浮气躁，评估刚结束我就累倒住院了。

2006年10月15日，医院针对我的病情又进行了一次CT会诊，得出结论：右肺、右侧胸膜多发性转移。医生建议我再次手术治疗，非常肯定地告诉我除此之外没有别的办法。

　　有了前面 22 年与癌症打交道的经历，此时的我所表现出来的心态非常坦然，不像前面三次那样火急火燎，一拍脑门就立即手术。这一次我非常冷静地思考：大凡治病在治本。手术、放疗、化疗都是治标并不治本，肿块切了又长，长了又切，何时才能到头？我已经开了三次胸，前面、侧面、后面都开过了，即使再开第四次，谁又能保证第五次不复发呢？癌症虽然表现在身上，然而，其在一定程度上受心态的影响。因此，治肿块的同时要调整好心态，标本兼治。于是我开始反省自己，并静下心来阅读《弟子规》《大学》《论语》《中庸》《孝经》《朱子家训》等，还阅读了《黄帝内经》《思考中医》《扶阳讲记》，甚至还读了《六祖坛经》《金刚经》《心经》《王凤仪嘉言录》。

　　《孟子·离娄上》曰："爱人不亲，反其仁；治人不治，反其智；礼人不答，反其敬——行有不得者皆反求诸己，其身正而天下归之。"其中的"行有不得者皆反求诸己"一句对我的触动很大，瞬间照亮了我的心田，犹如千年幽洞举火即明，豁然明朗！

　　最终，我大胆地选择了一条与癌共存的战略战术，我称之为"文化治癌"。虽然"带癌生存"，但是，心里

2006 年的出院
小结

非常坦然，家庭幸福，生活很有质量，完全和正常人一样工作、生活、娱乐，还可以组织或参加公益讲座。

从文化的角度来说，癌是什么？我对此做了一些深刻反思。

第一，关于"癌"字的启示。

"癌"字属于半包围结构的汉字，外边是"疒"，里边是"嵒"。嵒者，岩也。像石头一样坚硬而且表面凹凸不平，这一类的肿块就叫作癌，现代医学叫恶性肿瘤。细想，人是血肉之躯，柔软、温暖而富有弹性，为何能长出如此坚硬的肿块？《黄帝内经·素问·阴阳应象大论》曰："阳化气，阴成形。"在中医里，凡是人体内成形的东西都属于"阴病"范畴。因此，癌症应当属于阴病中之阴病，或者叫阴块、痞块。热属阳，寒属阴。所以，癌症又可以称为"寒症或寒极之症"。《内经》讲"寒则收引"，收引的最终结果必将导致气血不流通，结成"痞块"。

是什么原因使癌症患者如此之寒呢？常言道："良言一句三冬暖，恶语伤人六月寒。"除了特别的致癌物质或遗传引发的癌症之外，"恶性情绪"是癌症发生的罪魁祸首。元朝名医朱丹溪先生早就告诉我们：乳腺癌（乳岩）是由"不得于夫""不得于舅姑"而"忧怒郁闷"所触发的，也就是长期不能释怀的抑郁、忧思郁结情绪，是乳腺癌的导火索。[1]同样，心里有"火"但

---

① 朱丹溪（1281—1358 年），金元四大医家之一，名震亨，字彦修。其所著《格致余论·乳硬论》载："乳房，阳明所经；乳头，厥阴所属。乳子之母，不知调养，忿怒所逆，郁闷所遏，厚味所酿，以致厥阴之气不行，故窍不得通，而汁不得出。阳明之血沸腾，故热甚而化脓。亦有所乳之子，膈有滞痰，口气憋热，含乳而睡，热气所吹，遂生结核。于初起时，便须忍痛，揉令稍软，吮令汁透，自可消散。失此不治，必成痈疖。……若夫不得于夫，不得于舅姑，忧怒郁闷，昕夕累积，脾气消阻，肝气横逆，遂成隐核，如大棋子，不痛不痒，数十年后，方为疮陷，名曰奶岩。以其疮形嵌凹似岩穴也，不可治矣。"

又发不出来，无法释放，长期的心情郁怒是肝癌的导火索。长期悲哀、怨恨、怀才不遇是肺癌的重要病因。情志郁结、忧思郁闷、委屈困顿，往往会引发胃癌。骄傲自满、自视清高、心浮气躁者，往往容易患鼻咽癌。快节奏、高压力、内心常有不服气者常常患有卵巢癌、宫颈癌、直肠癌……但是，现实生活中很多癌症患者不明此理，患了癌症后不但没有自我反省反而时时埋怨、处处看人不顺眼，整天怨天尤人，脾气暴躁，结果必定雪上加霜、凶多吉少。《黄帝内经·素问·至真要大论》曰："寒者热之，热者寒之。"因此，我认为治疗癌症必须坚持"热疗、暖疗"的大方向、大原则，不但身体要暖，心里更要暖。

我由此认为，快乐的心情是一剂特效治癌药。如何才能得到这付"特效治癌药"呢？只有"助人为乐"四个字。帮助别人快乐自己，替人着想，不给人添麻烦，处处与人为善，积极、乐观、向善，时时面带微笑。为什么我会有这样的想法呢？患病三十多年来，我惊讶地发现，在患病人群中，自私自利、损人利己、没有爱心的人，往往康复质量较差。反之，热心公益、无私奉献、心胸豁达的人往往康复质量较好。

除了这些，日常生活还需注意避寒就温，及时增减衣物，拒绝空调冷气，不吃生冷食物，多晒太阳，放松运动，早睡早起。

目前在临床上很多医生的观念大多还停留在"寒疗、冷疗"上，总想着怎样"杀死癌细胞"，进行大剂量化疗（极冷）、根治性放疗（特冷），让病人住高级空调病房（闷冷），天天输液（内冷），用大量抗生素（肾冷），医生、护士说话也硬邦邦、冷冰冰、没有表情（人情冷淡）。甚至有些中医也被西化了，也跟着喊"杀死癌细胞"，不分青红皂白大量使用半枝莲、白花蛇舌草、黄连、黄芩、黄柏这些大苦大寒的凉药。其实这种做法是不合适的。

明白了这些道理之后，我一反过去的习惯，坚持每天做一件好事，坚持不看电视、不玩手机。每天早睡早起，坚持放松运动 2 小时，不买汽车，不装空调。说来别人也许不相信，由于不吃生冷的食物，我家里连冰箱都没有。坚持全素饮食，偶尔煮点水果吃。多年来，我坚持看病不收费，坚持公益讲座。于我而言，随缘行善，便能身心愉快。这些都可以称为"暖疗"。暖则缓，缓则通，通则达，气血通达，郁结自消，肌无力也渐渐地彻底康复，肝、肺转移灶也逐年缩小。渐渐地、不知不觉地，我把癌症当成了朋友，当成了暂时留在体内的善意的报警器。它常常会善意地提醒我，帮助我改掉了很多坏思想、坏习惯、坏脾气。

善待癌症，感恩癌症，享受癌症！

第二，癌症是"结症"而非"绝症"。

现代医学对于癌症的病因研究与中医的认识不太一样，前者试图从实验室的大白鼠身上找到癌症的病因。然而，老鼠与人焉能相提并论？现代医学通过实验得出的致癌物质有上千种，什么食物致癌、空气致癌、环境致癌、水污染致癌、化肥农药致癌、化妆品致癌、空调冰箱致癌、手机致癌、微波炉致癌、电脑致癌……似乎致癌物质无处不在。大家的注意力也完全聚焦于癌症这个有形的"肿块"。其实，除了一些特殊的致癌物质，其他所谓的"致癌物质"，只不过是一个诱因而已，不是导致癌症的真正原因，更不是直接原因。《易经》曰："阴阳合一，阳动阴随。"《内经》曰："形神合一，以神驭形。"中国传统文化强调"心物一体"，现代心理学也明确提出"心身一体，心情影响人的健康"的概念，结论就是"有什么样的心态就有什么样的身体"。因此，癌症的病因不仅落在"身"

（物质）上，更应落在"心"（精神）上。

我自 1991 年底参加桂林市防癌抗癌俱乐部（现改名为"相约星期六"癌友联谊会）以来至今已经 26 年了。其间，我接触了大量的癌症患者，可以肯定：绝大多数癌症患者背后都有一个"心结"，这个心结如果没有彻底解开，癌症的治疗将永远在路上，复发与转移将不可避免，没完没了。

明白了这个道理，我心里暗暗发大愿：一定要把心态的调整时时刻刻放在第一位！正心、修心、养心成了我的日常功课，我常常在睡前反省自己：我做人如何？我的教学工作是否对得起学生？我对医学的研究方向是否正确？我的日常生活、饮食、锻炼、睡眠是否正常？我的道德修养是否精进？ 曾子曰："吾日三省吾身，为人谋而不忠乎？与朋友交而不信乎？传不习乎？"我时时提醒自己，一旦发现"心结"，必须立即解决，不能过夜。

王凤仪①有一句话多年来反复提醒我："有病就有

① 王凤仪（1864—1937 年），热河省（今辽宁省）朝阳县人。自幼为人佣工，35 岁时听人宣讲善书，因悟"贤人争罪，愚人争理"的道理，故创"性理治病"之学，并兴校办学，为清末民初有名的教育家，时人称为"王善人"。

我住六楼，顶楼的小木屋取名"三省斋"

过，改过就好病！"于我而言，这句话既通俗易懂又富含哲理，可谓大道至简。因此，我可以以过来人的身份告诫癌症、疑难慢性病患者，一定要清醒地意识到"解铃还须系铃人"。所谓"上帝只救自救者"，我真诚地奉劝那些"绝症"患者，千万不要自欺欺人，改过、忏悔、真诚地认错具有不可思议的治疗作用。

第三，"人"字揭示的生命哲学。

《易经》提到："天地氤氲，万物化醇；男女构精，万物化生。""天覆地载，万物悉备，莫贵于人。"天地是人的父母，人是天地所生，是自然界的一份子，是万物之灵。中国古代最朴素的生命哲学就是"阴阳合一，阳主阴从"。"人"字的一撇一捺分别代表什么意思呢？一撇代表天（阳），一捺代表地（阴）；或者一撇代表精神（阳），一捺代表物质（阴）。古人叫"阴阳合一"，又叫"形神兼备"，西方文化叫"灵与肉"（灵魂和肉体）。另外，从"人"字的造字外形看，"人"字看似对称其实又非对称，形与神不是平均分配的，谁起主导作用呢？当然是"神"（精神支柱）。《易经》曰："天行健，君子以自强不息。"《内经》曰："恬淡虚无，真气从之，精神内守，病安从来？"佛家讲"百病从心生"。王阳明有云：

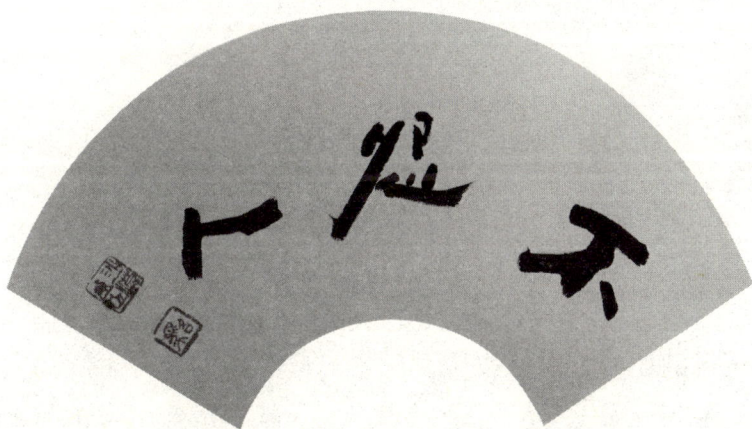

"不怨人"

"天君泰然，百体从令。"中国传统文化皆直指人心，明心见性，都强调修身在"正其心"。《黄帝内经·素问·灵兰秘典论》提出："心者，君主之官也，神明出焉。"因此，精神的力量在癌症的治疗中千万不可低估，任何治疗的成功都无法弥补"精神治疗"的失败。

　　目前中国的癌症治疗领域的人文关怀是不够的，虽然医院的大厅墙壁上悬挂着"以人为本"的条幅，但病房里却流传"人文关怀说起来重要，做起来次要，忙起来不要"的顺口溜。绝大多数医生只关注"病"并不关注"人"，只关注影像资料和某些化验指标，而不关注患者的切身感受。很少有医生过问患者的精神生活和内心感受，更谈不上静下心来面对面地与癌症患者坦诚地交流，甚至个别医生单纯地为了治癌而治癌，没有"全人"概念，完全忽略了人的精神存在，忽略了患者的生存质量，结果导致很多患者面临癌症治好了人却活不下去了的尴尬局面。这是今天医学界需要反思的地方。我通过这些反思，时时、处处、事事把"心力"的修炼放在第一位，把"人"放在第一位，助人为乐，宽以待人，与人为善。时时反省自己，"君子求诸己"，凡事都往自己身上归，不怨人，不攀比，不自傲；处处替人

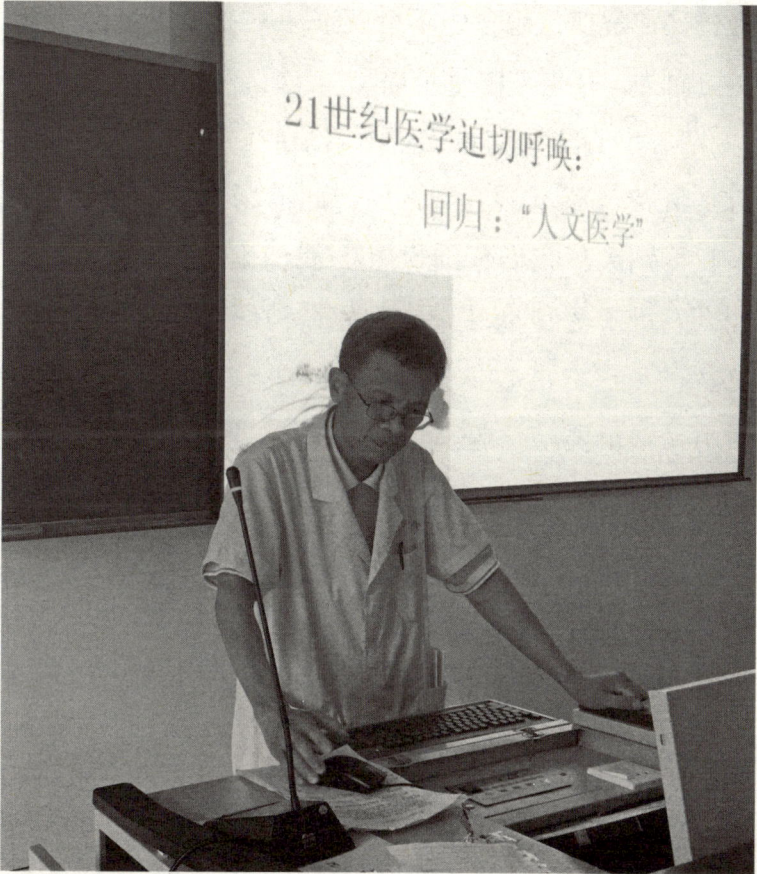

自 2009 年起，我在大学讲台上大力推广"人文医学"教育

着想，常常换位思考，不给人添麻烦；事事量力而行，尽力而为，凡事"吃亏是福"。

"心中心法"初主仁智阿阇梨的"欲修最上乘，尘劳是资粮，冤家一齐到，庄严此道场"这句偈对我的启发特别大！我们仔细想想：我们为什么不高兴？为什么发火？为什么嫉妒？为什么抑郁？都与尘世中的"冤家"（让自己心生波澜的人、事、物）有关，但生活中又常常要与"冤家"一道，与"冤家"共同修行，怎么办？曾子曰："夫子之道，忠恕而已。"只要做到了孔子说的忠恕，时刻把"忠恕"二字放在心上，时刻替别人着想，没有化解不了的矛盾和恩怨。

第四，中医"五藏系统"揭示了"文化治癌"的路线图。

西医的"人体解剖学"将人体分为九大系统，即运动系统、消化系统、呼吸系统、泌尿系统、生殖系统、心血管系统、内分泌系统、感官系统、神经系统。其中，神经系统起主导作用。中医学对人体的认识比较简单、朴素，认为由天地化生阴阳，由阴阳化生五行，于是将人体分为木、火、土、金、水五大系统，这五大系统又对应了肝、心、脾、肺、肾。五脏的造字隐藏着古人的智慧，大家看"肝、脾、肺、肾"都有一个"月"字，唯独"心"字没有。根据《康熙字典》，"月""肉"同义。很显然，肝、脾、肺、肾都属于有形的"肉脏"系统，都是看得见、摸得着、能够测量出大小的物质实体，唯独心不是。中医语境中的心区别于西医解剖学的物质的心，是指人的神识、精神意志，是"心思""心灵"的那个心。这个"心"既看不见又摸不着，也测量不出大小，属于无形的"神识"系统。但是，这个既看不见、又摸不着、也测量不出大小的"心"，却要管住有形的"肝、脾、肺、肾"。何以见得？《黄帝内经·素问·灵兰秘典论》曰："主（心）明，则下（肝、脾、肺、肾）安，以此养生则寿……""主（心）不明，则十二官危矣，使道闭塞而不通，以此养生则殃……"最后结论："心动（不稳定），则五脏六腑皆摇（坍塌）……"以上可以看出整部《黄帝内经》关于人体解剖生理功能认识的核心理念就是"形神合一，以神驭形"。这个"心"是要驾驭"肝、脾、肺、肾"的，即有什么样的心态就有什么样的身体。表面上看癌症属于有形的肿块，但其病因却与无形的"心"有很大关系。所以，光盯着这个肿块

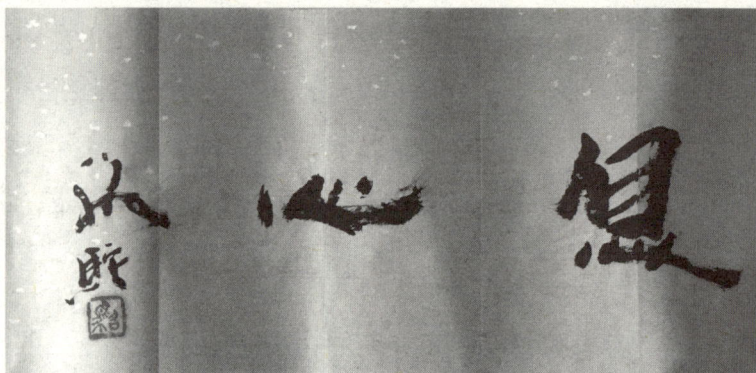

息心，熄灭的是"人心"

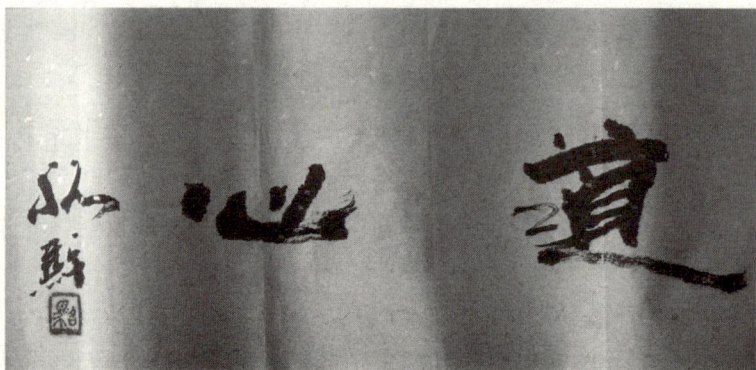

"人心惟危，道心惟微"

不放，在这个肿块上下功夫有时疗效并不显著，甚至手术、放疗、化疗、激光、靶向反而会引发癌细胞扩散，这时候，患者最根本的心理调治就显得极为重要。

那么，癌症康复的路线图应该怎么走呢？八个字："阳动阴随，阳主阴从。"古罗马哲人讲："医生给予患者的首先是心，其次才是草药。"佛家讲："万病从心治。"明朝著名的医学家张景岳也曾经说过："心病不除，百药难医。"当代的医学也充分论证了心态对人的健康起重要作用。因此，"文化治癌"的正确路线图应该是，先解决"心"上的问题，再解决"肝、脾、肺、肾"上的问题。医患双方必须时刻清醒地意识到这一点，并不惜一切代价优先解决"心"上的问题，否则后面的治疗将事倍功半。这就是我说的，经典文化可以改变世道人心，心正了，身自然就正，病自然就好了。

第五，"疾"与"病"的区别。

《说文解字》曰："病者，疾加也。"意思是"病"比"疾"严重。大家仔细看这两个字的写法，都是"疒"字头，一个里面是"矢"，一个里面是"丙"。"疾"和"病"有什么区别呢？"疾"字里是个"矢"字，这个"矢"是一种可以伤人的利器，简单理解就是箭。这个

"矢"也可以引申为所有的外伤，即外源性的损伤，包括外感（风、寒、暑、湿、燥、火）、外伤（切、割、砍、劈、钻、刺），还可以理解为外源性的细菌、病毒、衣原体、寄生虫等引起的外源性感染。"病"字里是个"丙"字，刘力红教授的《思考中医》写得很清楚，"甲乙东方木，丙丁南方火，戊己中央土，庚辛西方金，壬癸北方水"，丙代表南方，南方属火，火属心，心出了问题就叫作"病"，比如失眠、忧郁过度、生气、紧张、焦虑等。这种"病"叫作内伤，和外面的细菌、病毒、致癌物质没有直接关系。传统医学对于疾病病因的认识有一句经典的话："外感六淫，内伤七情。""六淫"就是风、寒、暑、湿、燥、火过度，"七情"就是喜、怒、忧、思、悲、恐、惊过度。显然"疾"和"病"一个是发生在身上的病，一个是发生在心上的病，一个是外伤，一个是内伤。那么，癌症到底属于"疾"还是"病"呢？我在33年的患癌经历中可以负责任地告诉大家：绝大多数的癌症是一类"慢性'心'源性疾病"，与外界致癌物质没有一对一的直接联系，完全是一种长期身心失调导致的内环境紊乱继而造成的自身细胞突变，最后发展成"肿块"。不健康的生活方式，长期的、严重

每一次的"话疗"都特别有吸引力

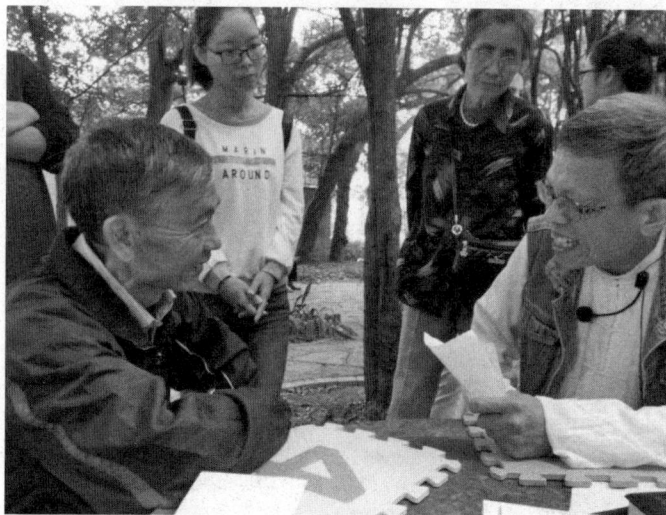

"话疗"的效果常常使患者从悲观失望到满面笑容

的恶性情绪会导致恶性肿瘤（或良性肿瘤恶化）。良性肿瘤可以转化为恶性肿瘤，恶性肿瘤也可以转化为良性肿瘤，这很大程度取决于生活方式和心理状态的调整。因此，转变不健康的生活方式，化解恶性情绪是治疗癌症的关键。

26 年来，我参加桂林市癌症患者群体活动做得最多的一项工作就是"话疗"。"话疗"的地点有时在公园，有时在医院，有时在患者家里，我总是力图通过轻松的面对面的聊天，讲道理、打比方、举实例，化解癌症患者的恶性情绪，每每都能起到意想不到的疗效。桂林市"相约星期六"癌症患者群体中有很多"义务话疗师"，特别是康复多年、生存质量比较好的"老癌"，他们在我看来是一群不可多得的"优质医疗资源"。他们常年活跃在公园，以自己的亲身经历给无数濒临绝望的生命以希望。

第六，"毉""醫""藥"揭示了文化治癌的真理。

有"疾"和"病"，就会有两种对应的治疗方法，我们从"医"字里面就可以得到解释。繁体的医字有两种写法，一种是"毉"，另一种是"醫"。"毉""醫"上半部分都可以拆分为"匚""矢""殳"。"匚"读"方"

（音），《说文解字》曰："受物之器。接口部云，圃，规也。"可以理解成规律、习惯、法则。"矢"代表利器，可以是针灸、手术、穿刺、刮毒。"殳"这个字念"书"（音），意思是木头或者竹子做的一种可以用来撞击或敲打的器物。"匚""矢""殳"这三个字加起来，实际是为这个"疾"来设置的，即治疗外源性的"身病"，也就是治疗肉体的毛病。

"毉""醫"的核心是下半部分的"巫""酉"。"巫"字的造字意义深刻，它的造型告诉我们：医生和患者应该面对面地坐下来交流、沟通、以心印心，上至天文，下至地理，联系生活实际，举例子、打比方、找榜样，目的是消除癌症患者的顾虑，打开癌症患者的心结，上下贯通，心身通达。"酉"字的造字意思更深刻：酉时代表下午5—7点，就是太阳落西，鸡要回笼了，阳气要归根了。人心就是人体的太阳，意即叫人把心放下，就是要把心收回来以便休养生息。因此，"酉"字其实是要告诉我们，作为治病的医生，一定要把病人那颗浮躁的"心"安抚下来。从"巫""酉"这两个字来讲，医生最核心的工作是让病人"安心"。

佛教修行的次第是叫人"看破、放下、随缘、自在"。看到这句话，你就知道，就治疗情志病来说，佛教对"医"的领悟已经达到了极致。"放下"什么？当然是放下"私心"，即神短气浮的"人心"。我曾经问过学生，人有几颗心啊？学生无语：人不就是一颗心脏吗？难道会有两颗心脏不成？从"文化医学"的角度看，人至少有三颗心：第一颗心叫作"肉心"，胸腔里跳动的肉团心又叫心脏（西医的称呼）；第二颗心叫"人心"，也叫"私心"，即万病之源；第三颗心叫"道心"，又叫"公心"，就是全心全意为人民服务的心。我们要放下的当然是那个"人心"，那个自私自利的"私心"。古人讲"人心死，则道心起"，那么怎样才能使这个自私自利、有己无人的"私心"放下呢？必须要"看破"，看不破就放不下，放不下就不能"随缘"，不能随缘就无法获得"大自在"。"看破、放下、随缘、自在"，单凭佛门里这八个字，就能说佛教也是一门"医学"。因此，寺庙里很多的高僧大德往往都是"大医王"。

既然"毉""醫"字的上半部分意指治外伤，治有形的身病，针对"疾"字；下半部分意指治内伤，治无形的心病，针对"病"字。那么"外伤"即古人讲的

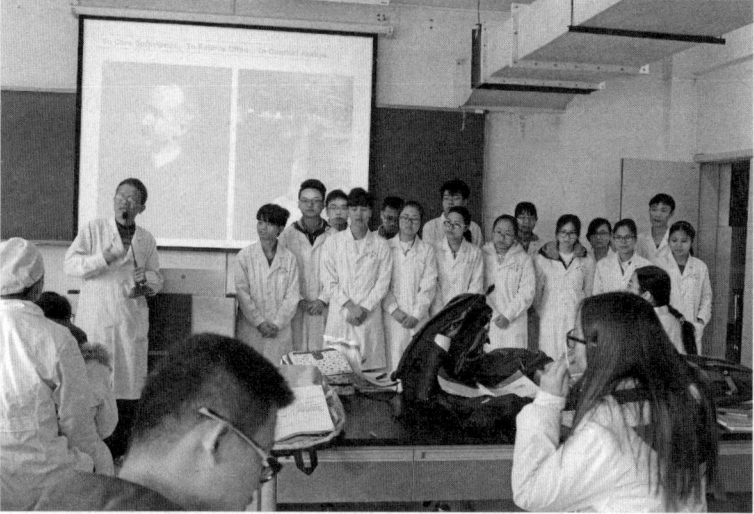

我经常用美国特鲁多医生的三句话教育学生：To Cure Sometimes，To
Relieve Often，To Comfort Always

外感六淫（风、寒、暑、湿、燥、火），也就是西医讲的病毒、细菌、衣原体、寄生虫感染及各种外伤等。古人讲七情（喜、怒、忧、思、悲、恐、惊），七情过度叫"内伤"，内伤就需要安抚，就需要"巫""酉"。所以"毉""醫"都是上下二部，针对"身"（疾）、"心"（病）的治疗就全了。

"藥"（简体字为"药"）字就更加明了。"藥"字也是上下二部，重点也在下半部，上半部是草字头（艸）。《神农本草经》记载，神农尝百草，一日遇七十二毒。这个"艸"是用来治疗身病，治疗"疾"的。但"藥"的下半部为什么要加一个"樂"（乐）字呢？因为下面的"樂"是用来治疗"心"病的，所以"藥"字也是针对"疾"和"病"而来，把两种治疗方法概括在里面，也全了。

"毉""醫"和"藥"，都是分别针对"疾"和"病"两个部分（身、心）来设置。那么，哪一个更重要呢？有没有主次关系呢？《黄帝内经》有一句话叫"上工守神，下工守形"。"上工"就是高明的医生，关注的是"巫""酉""樂"；"下工"就是普通的医生，关注的是"匸""矢""殳""艸"。大家仔细想一想，我们当今这个社会是"疾"多还是"病"多，是"心"的毛病多，还是"身"的毛病多呢？

大家看看最近几年报刊、网络、电视、微博、微信、QQ 上出现的高频词就一目了然，出现最多的三个字——忙、烦、闷。"忙"是第一个字，忙是啥意思？"忙则心亡。""烦"是第二个字，烦的结构为"火"加"页"，页者，首也，页就是头的意思。火一上头就烦，烦的结果是什么呢？《黄帝内经》讲："烦劳则张。"长期烦恼，阳气就往外张（散），导致阳虚，免疫力下降。"闷"字就更有意思了，郁闷，不舒畅，这个"心"被关起来了，被限制住了。《黄帝内经》曰："气为血之帅，血为气之母，气行则血行，气滞则血瘀。"心为体，气为用，心烦则气乱，心郁则气滞，心平则气和。现代人普遍出现"闷死我了""烦死我了""忙死我了"，当然还有"气死我了"，等等。这些高频词，都反映了当今这个时代，由于工作的压力、生活节奏的加快、人际关系的紧张以及人们欲望的膨胀，这个"心"已经"衰竭"了，扛不住了，出问题了。我们讲当代社会的"病势观"即现代社会疾病的发展趋势，应该是"心"病占的比重越来越大。最近几年的调查显示，慢性非传染性疾病已经成为中国疾病负担第一位，并且死亡率大幅提升。癌症、高血压、糖尿病、冠心病、中风、甲亢、失眠、抑郁症……这些病症非常普遍。这些病往往都与"心"有关。因此，如果我们还是只关注手术、放疗、化疗，只研究一方一药，只关注"身""形""物""肿块""指标"这个层次，而不调整好心态，怎么能治好当今社会发生的这些"心源性"疾病呢？

第七，"本"与"末"揭示"治癌哲学"。

《论语》曰："君子务本，本立而道生……"《大学》曰："物有本末，事有终始，知所先后，则近道矣！""本"与"末"都是在"木"字上加一横，加在下面叫"本"，加在上面叫"末"。本者，根也，即根本；末者，梢也，即末梢。治病的原则是"急则治标，缓则治本"。世界卫生组织（WHO）曾指出，癌症是一类慢性病。因此，癌症的治疗应当重在治本——调心（精神），本立则道生。从另一个角度来讲，人是本，癌是标，人比癌重要，"留人治癌和教人治癌"是癌症治疗的基本原则。更重要的是，医（生）是标，病（人）是本，"标本不和，则邪气不服"，即医生必须以病人为本，尊重患者的主诉，尊重患者的主观感觉。

同时，医生通过与患者的沟通、交流，达成观点一致、方向一致、换位思考、相互密切配合的意向，而不是互相对立。

站在病人的立场上，为病人着想，是值得每一位医生深刻思考的。我曾经从一位医生变成了一位重症病人，又从一位病人变成一位医生，才深深地体会到医患之间的换位思考是何等重要啊！

第八，"快"与"慢"带来不同的癌症康复结果。

为什么 21 世纪癌症的发病率一路飙升，势不可挡，如同井喷？癌症死亡已经成为城乡居民死因顺位的第一位。尤其是近十年来，"癌症"在我们生活中出现的频率越来越高，原因何在？大家都怪罪于"致癌物质"，比如空气污染、水质污染、土壤重金属污染、食品农药残留、细菌、病毒感染……我个人认为，致癌物质当然是一个不容忽视的诱因，而癌症的发生、发展却与当今人们的快节奏、高压力、高欲望、多应酬的生活状态有绝对关系，近年来癌症发病呈年轻化趋势就是最好的证明。很多年轻人在这个快节奏、高压力、高消费、多应酬的环境中打拼，结果造成了身体上的各种不适。患癌以后必须放慢节奏，学会"慢生活"。但是，我这几十年的观察发现绝大多数癌症患者又偏偏是急性子、完美主义者，心浮气躁，急功近利，追求速效，一旦诊断患癌立即采取闪电行动，全家总动员，十八般武艺一起上，最终往往是欲速则不达，事与愿违。然而，要慢下来谈何容易！实话告诉大家，我用了将近 10 年时间才真正学会"慢生活"，听起来让人笑话。如果人们的生活节奏不放慢、价值观不转变，不学会慢生活，那么癌症的患病率将更加汹涌。其实，大家静下心来仔细留心观察身边的人就知道，现实生活中性子特慢的人很少患癌，几乎不生癌，即便生了癌也好得快，这样的人活得长、生活有质量。

第九，"高"与"低"两种人生境界，两种康复效果。

所谓"高处有险，低处有道"。现代人大多数都会追求高学历、高职称、高职位、高收入，吃高档食品，住高档别墅，开高档车，穿高档名牌，玩高科技……《老子》："上善若水。"水，位高而甘愿处低。人应当向水学习，因为"道在低处"。中国近五十年来的癌症治疗水平持续上升（高），医院肿瘤科病房楼层越建越高，装修越来越豪华，诊断的仪器、设备越来越高级，治疗手段的科技含量越来越高，医生们的学历、职称越来

"上善若水"

高，治疗费用越来越高，但治疗效果却并没有明显改观。这不能不引起我们的深刻反省。我真诚地奉劝患癌的朋友们：学会处低、谦卑、不攀比，安贫乐道是一剂难得的特效治癌药。

第十，"症"与"证"揭示了两种医学文化。

西医强调"症状"，倡导"循症医学"，医生的一举手、一投足都必须拿出依据；中医讲"辨证"，讲求"辨证论治"，即因人而异，有是证则用是方。"言""正"为"证"（证），就问诊而言，患者发自内心的陈述就是证，尊重患者的主观感觉就是证，耐心倾听患者的主诉就可以获得最可靠的证。我在肿瘤科病房住院期间曾经仔细观察，发现肿瘤科医生们几乎很少与病人交谈。客观上，他们很忙，查房、写病历、写病程记录、填写各种化验单、应付各种人际关系……主观上，大多数医生只相信 B 超（B 型超声诊断）、CT、核磁共振以及各种化验结果、癌症标志物……这些都是症，都是有形的数据。但是，隐藏在这些客观数据背后的癌症患者的心思却很少有人知道，这不能不说是当代医学的缺失。我患癌三十余载，从医生到病人，又从病人到医生，广泛接触癌症患者，在轻松、愉快、和

"话疗"既是诊断又是治疗

谐、自然的"话疗"中深刻地感受到人与人之间的交流太重要了，尤其是肿瘤科医生与癌症患者之间的坦诚交流更是如春风化雨，润物无声。我呼吁广大的医务工作者尤其是肿瘤科医生，再忙也要学会放下架子、伏下身子、耐着性子尽量多地与癌症患者坦诚地沟通，"偶尔去治疗，常常去帮助，总是去安慰"，但愿一百多年前美国这位撒拉纳克湖畔特鲁多医生的墓志铭，能够成为当今肿瘤科医生的座右铭。

第十一，"求内"与"求外"是东西方治癌的文化分水岭。

《论语》曰："君子求诸己，小人求诸人。"《孟子》曰："行有不得，反求诸己。"中国文化是"内省"的文化、"内证"的文化、"求己"的文化，如人饮水，冷暖自知。西方文化是"外求"的文化、"外证"的文化，强调客观依据，注重指标和数据。"内圣而外王"，王者只能战胜敌人（对手），圣人往往战胜自己（内心）。当今癌症领域的研究，包括病因、治疗、康复的研究都在"向外求"，全世界每年投入的癌症研究资金多达上万亿美元，遗憾的是，迄今为止全世界对于癌症的研究也没有取得突破性的进展。外部的因素固然不可忽略，但更重要的是内部因素。癌症患者自身的修行和自身道德、文化的提升对于彻底战胜癌症起决定性作用。我33年来所走过的路程轨迹"家传中医→西医→传统中医，手术→放疗→中药→气功、太极、禅步，生物解剖→人文解剖→文化解剖，生物医学→生物、心理医学→生物、心理、社会医学→生物、心理、社会、道德、文化医学"足以说明从外到内的心路历程。如何宣传、推广、开发、挖掘患者自身内在的康复潜能，可能是未来癌症、疑难慢性病研究的其中一个主要方向。

第十二，"定"与"乱"的启示。

癌症是一类慢性病，并且是一类"内源性"疾病，是由"内乱"（内环境紊乱）造成的，可以说人类神经系统的稳定性和有序化程度是决定一个人健康的关键。定，包括稳定、安定和定力。没有一个稳定的社会环境怎么搞建设？怎么治理国家？怎么保证各行各业的有序运转？人体也一样，心安则神静，如果一个人整天诚惶诚恐、焦躁不安、心有忧惕，势必导致神经、内分泌、免疫系统失调（内乱），气血紊乱，代谢紊乱，最终导致细胞分化异常活跃，癌细胞迅速扩散、转移。反之，患了癌症之后，如果能够很快觉悟，安定下来，不着急，

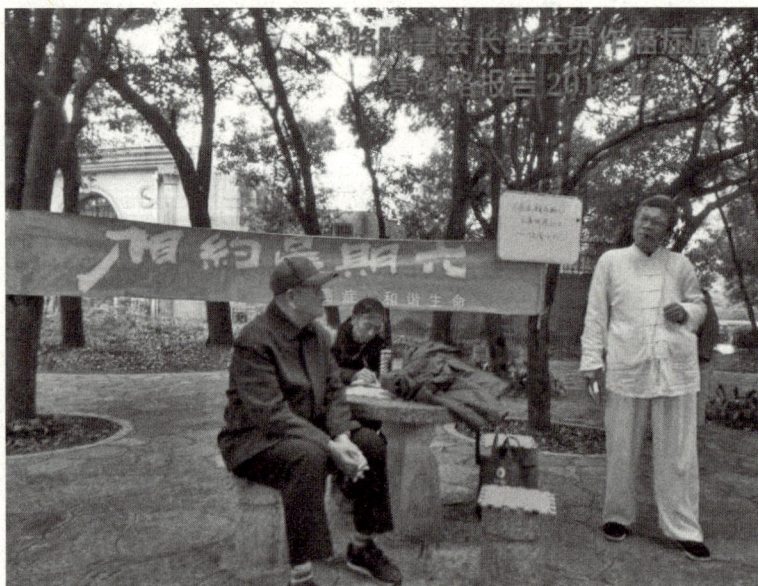

坚持公园"文化医学"公益讲座

悠着点，三思而后行，这样可能可以避免很多不必要的失误。我在 33 年的治癌实践中也见证了"定力好"的癌症患者，即便是晚期，也可以活得很长、很有质量，甚至带癌长寿。可以说，安定的心态是生命之河的源头活水，心安是永不枯竭的内在医疗源泉，是一剂不可多得的"特效治癌药"。正如王阳明所说："天君泰然，百体从令。"

第十三，"抗"与"和"是两种"文化医学"。

抗，就是对抗、抵御；和，就是和谐、和平、接纳。古人讲："天时不如地利，地利不如人和。"中国文化是"和合"的文化，"和谐万邦""和为贵"是中国人终身追求的理想状态，"天人合一"是中国古人追求的最高境界。《中庸》曰："与天地合其德，与日月合其明，与四时合其序，与鬼神合其吉凶。"西方文化是"对抗性"文化，提倡征服自然，征服世界，征服疾病，征服癌症……因此，西医"抗"字用得最多，比如抗生素、抗病毒、抗免疫剂、抗过敏剂、抗肿瘤药、抗排异药、抗癌……殊不知，对抗的结果必然引发动乱，最终使整个世界乱糟糟。手术、放疗、化疗，包括中医使用大量的寒凉中药都是对抗性治疗，有时确有短暂疗效，但很快又会使疾病复发转移，有些甚至是边治疗边转移。传统中医强调阴阳平衡、调理、调养、调和。《内经》曰："谨熟阴阳，以平为期。"《中庸》曰："喜怒哀乐之未发，谓之中；发而皆中节，谓之和。中也者，天下之大本也；和也者，天下之达道也。致中和，天地位焉，万物育焉。"中和就是平衡的意思，人要是做到和合、中和的状态，气血才会自动地回归正常状态，身上的几千万亿个细胞才会正常地分化、代谢、繁殖，甚至，癌细胞也会"改邪归正""去恶从善"，最终回归正常！

第十四，"泰"与"否"，"吉"与"凶"。

"泰"与"否"来自《易经》的两个卦，即"泰卦"与"否卦"。风调雨顺、国泰民安是中国老百姓的期盼，大智若愚、泰然处之是文化人追求的境界，稳如泰山、宠辱不惊是帝王风范，峰回路转、否极泰来是事物发展变化的自然规律。《周易》曰："泰，小往大来，吉，亨。天地交而万物通也，上下交而其志同也。内阳而外阴，内健而外顺。内君子而外小人。君子道长，小人道消也。""否之匪人，不利君子贞，大往小来。""天地不交则万物不通也，上下不交则邦国不宁也。内阴而外阳，内柔而外刚，内小人而外君子。小人道长，君子道消也。"这里的天代表太阳，从自然界的物象看，太阳高高在上，太阳和地球怎么也挨不上边，何谈天地交？其实，仔细观察我们会发现，太阳虽然高高在上但却每天无偿地把阳光投向大地，这就是古人讲的天地交，也正因为如此才有了万物繁荣。假如太阳不愿意把阳光投向大地，也就是天地不交（否卦），大家想一想会是什么结果？由天道推及人道，人就是一个小天地。练过气功的人都有这样的经历，只要把气往丹田一沉，口水立马就来，气（心）沉丹田就是天地交（泰卦）。口水又叫津液（唾液），中医又叫"涎"，涎为脾液。口水多，身体的消化、吸收功能就好，获得的营养就多，全身的细胞生长就旺盛，免疫力就好，这不就是"天地交万物以荣"的真实写照吗？反之，如果总是心浮气躁、神不守舍、欲望过多，这也放不下，那也放不下，诚惶诚恐，这就是天地不交（否卦），结果必定是"万物不通"、口干舌燥、气血瘀滞。气血不通，时间一长，"痞块"就出来了。因此，学会放下，学会处低，通过导引，气沉丹田，人为造就一个泰卦，不失为一剂不花钱的"特效治癌药"。

我多年的"文化治癌"探索、实践、调查、跟踪

可以充分证明几点：①人和癌很多情况下是可以共存
的；②很多癌症确实并不需要过多治疗；③即便是癌
症晚期也可以创造条件与常人一样正常工作、生活、
娱乐，也一样可以长寿。

太极拳、禅步、念佛可以安神定志

太极拳讲究阴阳和谐，太极拳很容易使人"内敛"，心平气和

太极拳很容易使人"内敛"，心平气和

第五章
对生与死的思考

　　我做了近三十年的解剖学教师，在无数次解剖之后发现，很多人的身体都带有"肿块"和明显畸形的病理现象，但很多人的逝去却并不是因为癌症。也有身患癌症之后由于脑转移而成为植物人的例子，但病情却并没有因此恶化。究竟是什么原因导致患者死亡，还需要深入地思考。

一次尸体解剖的"震撼"

我做了 27 年的人体解剖学老师，在解剖了上千例尸体之后惊奇地发现：有很多尸体身上都带有"癌症"和明显畸形（病理现象），尤其是年龄偏大（60 岁以上）的尸体带癌的现象更加普遍（几乎 100％）。有些"癌症"肿块为五六厘米，有些十几厘米，还有些二三十厘米甚至更大。但是，他们大多数都不是死于癌症。2015 年春季学期，在临床医学本科 2013 级的局部解剖课上，同学们惊奇地发现一例约 80 岁的老年男性尸体腹部异常膨隆，打开腹腔一看，发现左侧有一个巨大的肿块（40 厘米 ×40 厘米），表面凹凸不平，质地较硬，呈灰褐色，所有的大肠、小肠统统被挤到了右边。于是，带教老师让学生将肿块完整切下来，切除肿块后探查腹腔发现少了一个肾脏，莫非此肿块来源于肾脏？为了证实这个肿块的来源，我们请来了病理教研室的专家做病理切片，切片结果证实是肾

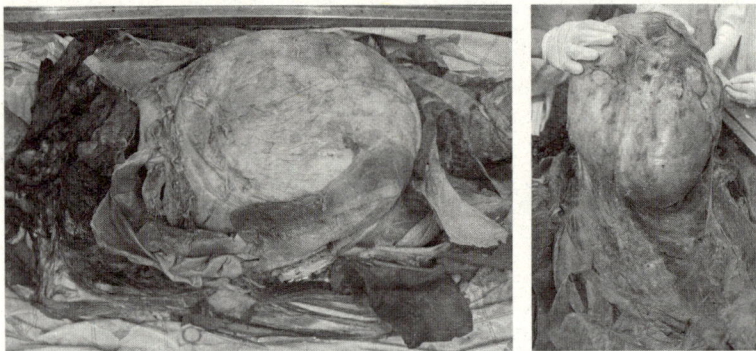

带着如此大的"晚期癌症"肿瘤也活了 80 岁，足以令所有癌症患者的恐惧心理瞬间冰释

癌。这就引发了我对于癌症危害性的思考：该例患者何时患癌？到底患了多长时间？什么原因引起的？其实，这三点均无从考究，但是有一点可以肯定：该例癌症患者与肿瘤科病房那些死于几厘米甚或几毫米的肾癌患者相比病情严重很多，那么那些肿瘤科病房的肾癌患者真是死于癌症吗？几厘米甚或几毫米的肾癌肿块真的能置人于死地吗？假如不是那么回事，那么，又是什么原因导致了癌症患者的死亡？我在此大胆揣测——只有一种解释：恐惧，恐癌念头！"癌症＝死亡"这个念头并由此引发的紧张、恐惧、焦躁不安情绪具有巨大的破坏力，足以置人于死地！因此，转变观念，转变对癌症的危害性的认识就显得更紧迫、更重要、更有现实意义。

植物人"治癌"的思考

2005 年夏季的一天晚上，我突然接到一个紧急电话：一个昔日的病友"不行了"。翌日，我和桂林市癌症协会的几个骨干赶到肿瘤科病房，家属哭作一团，患者已经昏迷。原来这位病友患有乳腺癌肺转移、肝转移，尽管用了进口的化疗药，也未能控制病情的发展，结果病情恶化，脑转移并重度昏迷成了植物人。医生下了"病危通知书"并告知家属：病情非常危重，时间不长了（过不了一周）。医院建议家属放弃治疗，回家以备后事。

此时，正值家属刚买了新房正在装修，为图个吉利，家属恳求医生暂且将患者留在医院病房，让其在医院"过世"。医生表示理解，于是在肿瘤科偏僻处辟一小房，雇一陪人，维持营养治疗。结果，一个月、两个月、三个月……半年过去了他仍未离世，家属疑惑，请求医生复查。于是医院重新做了 B 超、CT、核磁共振检查，结果显示，患者原肺部、肝部、脑部转移灶不翼而飞（在此期间没有用任何抗癌药），医生、家属无不惊讶。遗憾的是，一年以后，患者死于坠积性肺炎并呼吸道梗阻，其死因与癌症毫不相干，令人深思。

　　植物人何以有如此巨大的抗癌潜力？现代医学无法解释。我认为此案例印证了《孙子兵法》中的一句话："不战而屈人之兵，善之善者也！"也印证了当代肿瘤专家——复旦大学肝癌研究所所长汤钊猷院士的一句话："有时不治疗恰恰是最好的治疗。"其实，早在《易经》年代，古人就已经证悟："无为而天地自正。"这让我想起《中庸》的一段话："喜怒哀乐之未发，谓之中；发而皆中节，谓之和。中也者，天下之大本也；和也者，天下之达道也。致中和，天地位焉，万物育焉。"

第六章

公益讲座

中国人讲知恩报恩，传统文化救了我的命，也救了诸多像我这样的"绝症"患者的命，我要是不讲出来心里会有愧疚感。 2016 年国庆节期间应蒋文明先生、乾泽法师、姜革文先生邀请，我于桂林市栖霞寺普陀书院做了两天的"传统文化与健康中国"公益讲座，现将部分典型案例摘录如下，以飨读者。

蒋文明：我简单向大家介绍一下骆老师。我认识骆老师是通过姜总裁。虽然认识的时间不长，但是前段时间我和骆老师有密切的接触。他让我非常感动，他从传统文化中找到了战胜癌症的力量，奇迹般地活了过来。他不但治好了自己的病，还热心公益，普及传统文化和健康方面的知识，免费为大家看病。更令我感动的是他的生活非常简朴，用佛门的话来说就是非常惜福。惜福到什么程度呢，他的衣服几乎都是旧的，可他总是朴素大方地穿着出席各种场合。他是一个大学老师，衣食无忧，但他完全放下了虚荣，放下了名利，一心就为弘扬传统文化，为利益大家。这样的专家，我们非常敬佩，我们一定要让他来这里和我们分享。习近平总书记在 2016 年 8 月召开的"全国卫生与健康大会"上讲了，没有全民的健康，就没有全面的小康。从这个角度来讲，骆老师这个讲座是非常有意义的。下面请大家以热烈的掌声，欢迎骆老师讲课！

桂林市民族宗教委员会主任、党组书记蒋文明在栖霞寺普陀书院致开幕词

2016 年国庆节栖霞寺普陀书院，首次公益讲座

骆降喜：尊敬的各位领导，朋友们，上午好！今天我非常荣幸，在这样一个清净庄严的佛门圣地，来和大家一起讨论"传统文化与健康中国"这一话题。说实话，刚走进这个地方的时候，我的第一感觉就是两个字：害怕。为什么呢？因为这是藏经阁，藏有大量典籍，我非常清楚我所学习的经典文化很有限、很肤浅，对中华传统文化也是刚刚接触不久，理解不深，做得不好，因此，在藏经阁讲传统文化的确心里发怵，恐怕满足不了在座各位的"胃口"！如有讲得不对的地方还请大家多多包涵！

我是学理工科的，20世纪80年代初期为了高考，主要学数学、物理、化学，对中国的历史、地理、国学经典几乎没有太多了解。1981年考上广西医科大学，学的也是"数理化"之类的知识。大学毕业后，在医院外科工作，从事的也是纯科技的生物医学工作。后来调到桂林医学院人体解剖学教研室当老师，从拿手术刀到拿解剖刀，从给活人开刀到给死人开刀，也还是纯科技的生物解剖工作。

我的第一个身份是医生，既是家传中医又是科班出身的西医，甚至还自称是"教医生的医生"。可非常惭愧的是，我在这三十多年的工作生涯中，病得一塌糊涂，差点把命都丢了。我患了两个世界级的绝症，非常可怕，直到现在想起来后背还冒冷汗。一个是晚期胸腺癌，虽然做过 3 次开胸手术，但是现在肺和肝里还依然可以隐约地看到肿块。不客气地说，我今天是带着癌症来给大家讲课的。但是，请大家放心，我的生活、工作一切正常，大家不用担心。另外，我还得了一个世界级的重病，叫作重症肌无力，俗称"渐冻人"，也就是神经—肌肉接头障碍，和英国著名的理论物理学家霍金患的病应该是同一类。霍金生在英国，好不了，我生在中国，我好了。所以我坐在这里，是怀着一颗感恩的心，来谈一谈我对传统文化的认识，尤其是传统经典文化的医疗作用。可以这么讲，我是传统文化的受益者，传统文化救了我的命。中国人说，知恩、报恩，滴水之恩当涌泉相报。传统文化既然救了我的命，我如果不把自己的心得体会讲出来与大家分享，总觉得心里有亏欠，这就是我二十几年来义务讲授传统文化的出发点。我为什么能活到今天？印证了古人的那句话——"好人命长"。这就是我的第二个身份——病人，曾经的重症病人。

　　我的第三个身份是老师。韩愈有一句话："师者，所以传道授业解惑也。"我虽然教人体解剖学，但是，我始终关注社会，关注医学，关注民生，关注医改。我们雷迅院长经常讲："大学老师要有社会责任感，大学老师要关注民族的文化，传承中华优秀传统文化，一定要融入社会。"王凤仪讲"道在低处！"真正的医学在民间，离不开老百姓。

我的第四个身份是学生。孔子曰："三人行，必有我师焉，择其善者而从之，其不善者而改之。"除了医生、病人、教师、学生，我今天还有一个特殊身份，那就是义工，这个社会从来不缺专家，不缺教授，不缺企业家，不缺有钱人，最缺的就是义工。

下面我先讲几个"文化医学"的案例。

"文化医学"案例一

华益慰是中国人民解放军北京军区总医院的外科专家，被誉为"人民的好军医"，曾经在 2006 年被评为"感动中国十大人物"之一。他是个专门做胃癌手术的外科权威专家，不幸的是，他晚年也得了胃癌，尽管医生给他做了全胃切除又加上腹腔热化疗，但最后他还是离开了人世。

　　华老生前做了无数个胃癌手术，他的医疗技术是毋庸置疑的。他的治疗有个特点：凡是到他那儿做胃癌手术的，他都几乎建议患者做全胃切除手术，企图将癌细胞斩尽杀绝。这就是所谓的完美主义，科技至上，也就是"对抗性"治疗。这一观点伴随着华老的一生。

　　2005 年，他被诊断出胃癌。当他的胃被全部切除的时候，他才惊奇地发现：由于没有贲门（胃的入口，食管与胃交界处，有防止胃内容物反流入食管的作用）的阻挡作用，小肠里的肠液开始大量反流，一路逆流而上，顺着食管一直到咽、喉、鼻腔、口腔、咽鼓管，一种从来没有过的"烧心感"一路往上冲，长驱直入，一刻都不得安宁，24 小时没法睡觉。这时他才意识到，原来做了全胃切除是这样的难受，这是他之前从来没有想到过的。此时他才幡然醒悟：给患者留点胃（留住贲门）是多么的重要啊！

　　全胃切除以后，如果稍微休息一段时间，缓一缓气，再用些中药调理调理也还是可以恢复健康的。然而，他术后一周紧接着又往腹腔里打化疗药，这是一种新的化疗模式，叫"腹腔热化疗"，把化疗药物直接打入腹膜腔里面，然后再加热到40度以上。每做一次，腹部剧烈绞痛，全身衣服湿透。其实中医早就有"大汗亡阳"之说。大汗淋漓过后，人体的阳气就漏完了。所以做完一个月共八次（每周两次）腹腔热化疗后，他的身体已经变得非常虚弱了。此时，祸不单行，偏偏又发生肠梗阻，回肠的末端堵了，不通畅了，食物下不去，肚子胀得很难受，经过一系列的胃肠减压、灌肠，都不通，万般无奈又做了一次肠梗阻手术，真是雪上加霜。

在极度虚弱、长期不能进食的情况下做手术，营养跟不上，伤口长不好，最终出现了肠漏，大量的肠内容物（粪便）直接漏到腹膜腔里，造成了难以治愈的"弥漫性腹膜炎"，病情急转直下，很快就出现肾衰竭、肝衰竭、心肺衰竭。最后，在临终的时候，他把他的外科团队叫到床前，讲了两句震惊所有医务工作者的话，指出了当代医学最大的弊端，他到底说了些什么呢？这就是我今天要讲的主题思想。他说："以往我们只单纯地关注病，从来没有关注过生病这个人！"第二句话：

"以后做胃手术，千万记住给病人留点胃。"

　　这个案例告诉大家一个真理："人比癌重要！""有胃气则生，无胃气则死。"人类在面对"征服疾病"与"呵护生命"发生矛盾的时候，我们到底要选择"征服疾病"还是"呵护生命"，或是"在呵护生命的前提下量力而行征服疾病"？这是当代医学面临的重大问题！对于人这么一个地球上特殊的有情感的万物之灵，一流的医院，一流的手术间，一流的医生，一流的技术，为什么最终的效果却不是一流的呢？今天我们迫切需要反思这个问题。所以，拼命扩建医院，强调科技至上，增加医疗经费，购买先进仪器设备，增加科研经费投入，以论文论英雄，到底能不能彻底解决当下的医疗问题？这值得我们深思。

　　华益慰教授的经历留给我们几点警示：

　　1. 人比病重要，必须先留人后治病。

　　2. 有胃气则生，无胃气则死。不能全胃切除。

　　3. 过度治疗比癌症更可怕。

　　4. 呵护生命远比征服疾病重要。

"文化医学"案例二

　　故事的主人翁叫勾明华，患有"膜性肾病"。医生嘱咐不能怀孕，但勾明华却意外怀孕了。三家医院妇科主任断定：如果不赶快做人流，只有"一尸两命"。勾明华今天也来到了现场，她不但保住了命，还顺产了一个非常健康、可爱的女儿，肾病也奇迹般地康复了！下面我们请勾明华自己讲述发生在她身上的故事。

　　勾明华：大家下午好！我就是勾明华，我于1987年出生在内蒙古通辽市，是一个80后。我在之前也规划过我的人生，我觉得我会和普通的80后一样，出生，步入学堂，读中学、大学，工作，结婚生子，过一种平平淡淡的生活。可是天不如人愿，在我大学毕业不到两年的时间就查出患有肾病。我记得很清楚，那是在2012年3月8日，那天中午我突然发现下肢水肿，便到医院检查，医生的检查结果是蛋白尿3个"＋"，怀疑是肾病，就安排我住院。然后，做了一个肾穿刺（细胞学检查）。检查结果出来之后医生断定是"膜性肾病"。医生告诉我这是一种比较复杂的肾病。大家对"膜性肾病"

可能不是很清楚，但是对"尿毒症"应该略有耳闻，膜性肾病发展到最后就会变成尿毒症，虽然没有尿毒症严重，但也是很难治愈的。就是说它最终会走向尿毒症，不能不管，但是，这个病目前除了激素治疗也没有更好的方法。医生告诉我采用激素治疗也不能保证恢复正常，更不能保证控制在目前这个状况，但是，这的确是目前治疗这一类病最好的方法。激素治疗的费用十分昂贵，对于我这样一个普通的农村家庭来说是没有办法承受的。我的压力很大，曾经几度想过悄悄地离开身边的朋友，离开父母，然后放弃自己的生命。我本来是非常健谈的，后来变得沉默寡言，非常易怒，故意跟家里人闹别扭，他们关心我的时候我就会朝他们无缘无故地发脾气。

后来机缘巧合，我朋友无意中给我介绍了骆老师，还说这个骆老师做公益做了二十几年，不收一分钱，叫我不用担心费用的问题。当时我就抱着试试看的态度决定去看看，她就带我去找了骆老师。我记得当时是在骆老师家楼下见的面，骆老师问了我的情况后也没多说什么，就说"你今天状态不是很好，改天再来吧，我先给你开个方子，你的病情不是很严重，你不要想得太复杂了"。简简单单几句话，我当时就想，医生都说成那样了，你还说不严重，是不想给我看，是看不了了，还是怎么回事呢？骆老师当时就说："你回家去，什么也别想，口里含一颗乌梅去公园散散步，下次叫上你爱人一起来。"临走时骆老师还说："病虽然在你一个人身上，但这不是一个人的原因导致的，夫妻、家庭、环境都有很大影响，所以要两个人一起来。"我当时很怀疑，但是又没有其他办法。

过了几天我又联系了骆老师，骆老师给我们两口子疏导了一下，说这个病虽然目前从医学上来讲是一个很复杂、很纠结的病，但只要有信心，是可以彻底治愈的。他介绍我参加了一个"相约星期六"癌症群众组织，那里都是重病号，都是癌症患者，只有我是慢性病患者。他们会问：小姑娘你怎么了？你是什么病呢？我说我是肾病。他们就说：肾病没什么呀，你不要想那么多，你每天就来这里跟我们一起练练功，聊聊天，开开心心过就好，什么也别想。我去的第一天心情就特别好，因为我看到那么多的叔叔阿姨，他们的病情比我严重得多，但他们每天都很开心。我就这样坚持去锻炼了一个月，一个月之后我去医院检查，以前是 3 个 "＋" 的蛋白尿，已经变成两个 "＋" 了，水肿也消退了，我非常开心。我的心放了下来，该上班就上班，该吃喝就吃喝，也没刻意去想发生什么事，慢慢地去公园的次数也越来越少了。

2014 年春节，我意外怀孕了，全身突然开始水肿，包括脸、眼睛、手脚。最初只是下肢水肿，怀孕之后是全身水肿，我非常害怕，就去医院做了全身检查。2012 年查出来蛋白尿是每天 5.16 克，2014 年我怀孕不到一个月的时候蛋白尿就达到每天 12.56 克，正常人是 0.02 克，这个指标超出正常人很多倍。医生态度坚决，建议第二天就做人流手术。我心如刀割，我好不容易怀孕了，但突然之间又有失去两条性命的可能。

公公婆婆听到这个情况就建议我马上去做人流手术，保命要紧，孩子可以领养。我听到他们的话心里非常感动，但我又非常不愿意这么做。从查出生病到怀孕差不多两年的时间里，我一直梦想着能当妈妈，能完成一个女人这辈子最大的愿望，现在终于有机会了，却要扼杀我这个愿望，我的心里也特别不甘。我非常感谢家人做出这样的决定，但是我还是想保留这个孩子。尽管我这么说了，公公婆婆还是极力地反对。

那天晚上整晚我都没睡觉，第二天就感冒了。医生说感冒了不能做人流。我当时特别高兴，心想多亏感冒了！接下来我就到处打电话咨询专家，我想哪怕有一个医生告诉我可以怀孕，哪怕有一线希望我都会非常高兴，我都愿意不远千里去找，去寻求良方，但是直到晚上 10 点多也没有一个人支持我保胎。我突然想起了骆老师，因为从 2012 年到 2014 年这段时间里我跟骆老师谈心的时间非常少，那时候还不是特别信任他，始终觉得没有那么神奇。后来也实在是没有别的办法了，晚上 10 点多的时候我怀着忐忑不安、非常焦虑的心情拨通了骆老师的电话。我也很幸运，平时他 9 点多就关机了，那天他没有关机，我就跟骆老师简单地介绍了一些我的情况。他就问我："你想要这个孩子吗？"我说："想，非常想！只要能保住我的孩子，让我生下来看一眼，哪怕死了我也认了！"骆老师说："如果你真的想要这个孩子，那我就告诉你，可以保住这个孩子，也可以保住你的性命。"我当时就哭了，说不出话来，一直问是不是真的。他说："真的，但是这个在你，不在我。如果你真的想要这个孩子，明天你跟你爱人来我们学校找我，现在这么晚了我也要好好休息了。"挂了电话我

勾明华现场发言后与女儿合影

就跟我爱人商量，他也特别高兴，我们俩几乎是一个晚上都没有睡觉。第二天早早地我们就等着去见骆老师。到了医学院见了面之后，骆老师还是重复地问我们那句话："你们俩是真的想要这个孩子吗？真想要保住这个孩子吗？"我们俩当时异口同声地回答："是的，我们都非常想要这个孩子。"我爱人接着又说："但是我更想保住我爱人的命。"骆老师说如果你们能坚定信念不动摇，那完全可以做到。

骆老师首先给我们开了三张处方。

第一张处方："宝宝真乖，妈妈爱你！"

骆老师说："回去以后，经常摸一摸肚子，对孩子说，宝宝真乖，妈妈爱你！孩子会很高兴。"我当时一看就哭了，心想，如果不是感冒，我的孩子就可能被我亲手"杀掉了"，太万幸了！虎毒还不食子，我怎么能做人流亲手杀掉自己的孩子呢？真糊涂啊……

第二张处方："孩子别怕，有妈妈在！"

骆老师特别交代："一旦感觉肚子疼、不舒服，下腹坠胀，甚至见红，都可以先用这张处方，若情况没有好转，再尽快去医院检查。"我本身身体不是很好，宝宝可能发育不会超过20周，也有可能流产，所以每一次肚子

勾明华幸福、快乐的全家福

疼的时候我都会很平静地跟宝宝说"孩子别怕，有妈妈在"。不管我是在走路、练功还是在做家务，时时刻刻我都可以用这句话安慰我的孩子，而且还特别管用。

　　第三张处方："孩子你真棒！"

　　骆老师还说要经常表扬孩子，表扬孩子就像太阳一样能让孩子茁壮成长。此外还要经常给宝宝听一些古典音乐、国学经典的录音。骆老师推荐的那4本书（《弟子规》《三字经》《孝经》《朱子家训》），我都是从胎教开始就给宝宝听的，这几本书伴随了我整个孕期。我的宝贝也非常争气，没有出现任何的不良症状。当然，在这整个孕期中，骆老师给我的帮助是非常非常大的。我性子非常急，脾气非常不好，容易动怒，自己还意识不到，就觉得自己挺好的，没什么毛病。每次跟骆老师见面的时候，他都会不遗余力地指出我身上的各种缺点，我才意识到原来这也是问题，就试着去改。我会经常找骆老师聊天，一方面是因为担心孩子，另一方面也是有的时候会莫名其妙看谁都不顺眼。所以我每个星期都会跟他一起去黑山植物园，如果那个星期没有时间，我也会电话跟他联系，在电话里沟通。时间长了，我也不那么心浮气躁了。我以前跟婆婆、大嫂的关系也不是特别融洽，我当时总觉得是他们的问题，我觉得我这个人蛮大方的，对家里人，不管钱啊物啊，只要他们需要我都可以拿出来为他们解决燃眉之急，哪怕我第二天生活费都没有。但是为什么他们会有那么多的毛病让我看不顺眼？我就经常跟爱人发牢骚，有的时候也会顶撞婆婆。骆老师会慢慢地告诉我身上有哪些缺点，如果不改正，还老是这样专门找别人的毛病，对自己的病情是非常不利的。我慢慢地想：他们有什么优点呢？我自己有什么毛病呢？知行合一，功夫不负有心人，现在我们的婆媳关系非常融洽，没有什么矛盾，钱和物之类的都不会斤斤计较。

我的孩子是顺产，并且是超过预产期 3 天才生出来的，4 斤 3 两，母子平安。医生当时建议我们："孩子偏小，最好放保温箱几天。"我们征求骆老师的意见后，第二天就出院了。更令人惊讶的是，产后我的膜性肾病检查各项指标完全正常，别提多高兴了！

骆降喜：勾明华把她生病、怀孕、生孩子这个过程简单地做了一个介绍，这里面有几个问题我要补充一下。第一，关于肾病、尿毒症，当时勾明华的蛋白尿是 3 个 "＋"，医生做出不允许怀孕的决定自有他的道理。学医的人都有这个常识，蛋白质是生命的物质基础，也就是说当妈妈的尿里面有蛋白，就意味着大量的蛋白质流失了，这个时候怀孕就很难保证孩子的蛋白质供给，这个孩子是长不大的。因此，从现代医学的角度来讲，医生判断勾明华这个孩子不能要，必须立即做流产手术，是有医学根据的。

第二，勾明华本来是个体质弱的人，有肾病，又怀孕，这十月怀胎肯定是十分艰难的，经常会肚子疼，严重的时候会见红。她刚刚反复讲到有一句话伴随了她10个月，就是"孩子别怕，有妈妈在"。还没有出生的孩子，是完全能听懂妈妈的话，能充分领悟到妈妈的意思的。我们今天提出的《"健康中国2030"规划纲要》，是要覆盖生命的整个周期，也就是说从受精卵、胚胎开始，我们的健康意识要尽可能地前移。勾明华很幸运，这句话伴随她十月怀胎，最后平安顺产，对她是有很大帮助的。

第三，宝贝出生的时候要不要去保温箱？这里我谈一些我个人的看法。现在医院里面的产科和新生儿科是分开的，大多数人生完孩子之后，小孩都要放到保温箱里面一段时间，这个做法到底好还是不好呢？我们暂且不能下结论，从西医和科学的角度看也许是对的，这是为了让孩子有一个过渡。但我认为这个做法与中国的传统文化相违悖。你们看看自然界中的所有动物，马、牛、羊、猪、狗、猫等，哪一个生出来不是在妈妈的怀抱，哪一个不是跟随它的母亲？道法自然啊！在接下来的案例中，有个北京的小孩，就因为刚生4天就离开了妈妈，到最后差一点丢了性命，回到母亲的怀抱这个孩子就找到了救命稻草。所以从这一点来讲，我个人认为，如果孩子出生之后没有明显的先天性疾病，没有先天畸形，或者是发育不全等严重症状，我建议尽可能不使用保温箱。小孩的潜力很大，只要在妈妈的怀抱里，妈妈只要把心放在孩子身上，是可以创造出很多奇迹的。

"文化医学"案例三

　　2015 年 3 月 1 日晚上 9 点 10 分，我正准备关机睡觉，突然接到一个电话，电话那头在苦苦地哀求："骆老师，请您一定要救救我的孩子！太可怜了，她才 21 天！"我仔细一问，才知道她的孩子在首都儿科研究所住院，病情非常严重，医院已经放弃了。

　　斟酌再三，我给这个妈妈开了 3 张"文化医学"处方：

　　1. 孩子一定要回到妈妈的怀抱。

　　2. 母乳是世界上最好的抗生素。

　　3. 孩子越小，潜力越大。

　　3 天以后这个妈妈从北京打来电话，非常兴奋地告诉我孩子出现了好转。她说："孩子出院回家后，紧紧拽住我不放。"这是什么情况？母子相依啊！这就是人的天性，是与生俱来的。孩子一边吃奶，肛门一边大量排气，小肚子很快就消了，肠炎、肺炎、咳嗽、痰鸣随后慢慢好转。这个孩子就这样渐渐地康复了。我没有给孩子用一粒药，也没有给孩子打一支针。

这个案例充分证明了，文化的力量不可思议，文化的医疗作用妙不可言，文化是跨越时空的宏观"高科技"，永不过时！但恰恰是这么好的东西，却被我们有意无意地忽略了，非常可惜。我非常赞同蒋文明先生刚才的发言："一定要树立中华优秀传统文化的自信。"文化是可以救命的！很荣幸，今天，这个孩子（唐晓慧）的爸爸也来到了我们现场，掌声有请！

唐义志（唐晓慧父亲）：大家好！首先我将我孩子的情况给大家做一个介绍。我的孩子叫唐晓慧，出生第

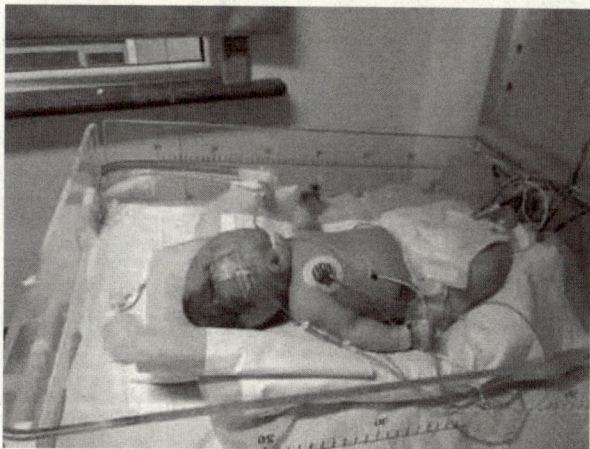

出生刚 4 天就被送进 ICU 病房抢救的唐晓慧，插满一身的管子

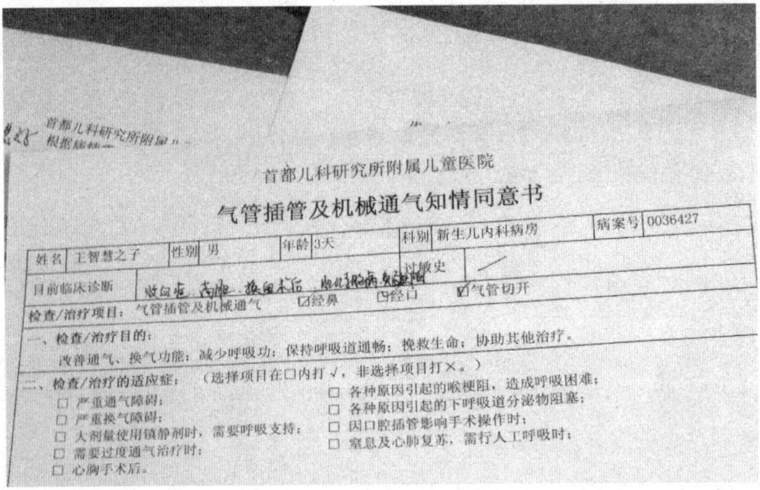

当年医生准备给唐晓慧做气管切开抢救同意书

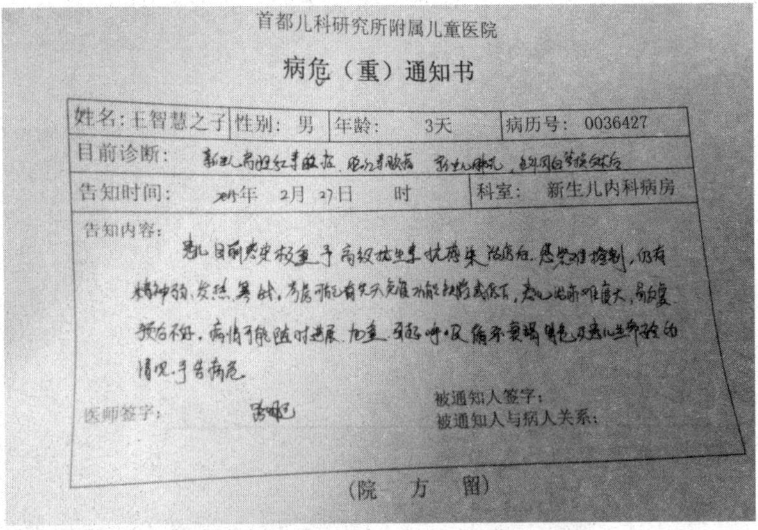

唐晓慧当年的病危通知书

四天就出现了黄疸，病症比较严重，到医院检查的时候，黄疸指标已经是最高值了，医生建议立即住院抢救。我也是第一次做爸爸，不知道该怎么处理，就带着孩子去了首都儿科研究所，进去之后住院将近 21 天，治疗后病症不但没有减轻，还引发了很多的并发症，比如腹胀（肠炎）、高烧、呼吸困难（肺炎）、贫血、出血（血小板低）、全身水肿（低蛋白）、胆红素脑病、脑出血等。

　　医生的解释也是含糊其辞，说不清楚是什么原因。我们自己也不了解，医生说需要通过一系列检查，超声检查、CT 检查、放血治疗、抽骨髓等，我的孩子光"腰穿"（腰部蛛网膜下腔穿刺抽取脑脊液检查）就做了3 次，放在一个成人的身上做一次腰穿要恢复起来都需要很长一段时间，更何况一个刚出生才几天的小孩。我们也没法弄清楚病因所在，只能按照医生开的检验单挨个地去做检查，但是最终化验结果却出乎我的意料，医生只是告诉我孩子的黄疸持续偏高，引起高烧可能会导致败血症、胆红素脑病等。随后又几次下达了病危通知书。在经过很多物理性、实验性的治疗之后，孩子的病情依然没有得到缓解。当时孩子住在重症加强护理病房

（ICU）抢救，我们也看不到，只能干着急，只有抱出来做检查的时候才能瞧上一眼。最后一次接到病危通知书的时候，医生只是告诉我孩子的病很严重，而且说得非常直接，告诫我做好孩子离开的心理准备。

药物也好，化验也好，各种检查都已经用到了最高级别，包括各种进口药，最后医生只拿了一些最普通的药说是去做一种实验，抱着试一试的心理等着看是否会有好转。最后说还有一种方法，就是切气管，从喉咙切开，插吸管进去做呼吸治疗。当时面临的情况就是这样，非常无奈！医生不断地提醒我，要斟酌好，想好，是否要进一步治疗。最后，医生私下对我说："是你自己带回去处理，还是我们给你放到太平间？"

我当时经济上已经耗费得差不多了，医生的话让我进退两难，心灰意冷。

我将孩子的住院过程打电话告诉了姐姐，姐姐当天就直接飞来北京，并向我引荐了桂林医学院的骆老师。当晚我和妻子与骆老师通了电话，并通过微信将孩子的情况传达给他。他建议我们必须赶紧出院，理由是孩子离开了母亲的怀抱，就已经失去了一种最有效的治疗。他还建议我们立即母乳喂养，他说只要孩子吃母乳，就

2015 年国庆节我与唐晓慧一家合影

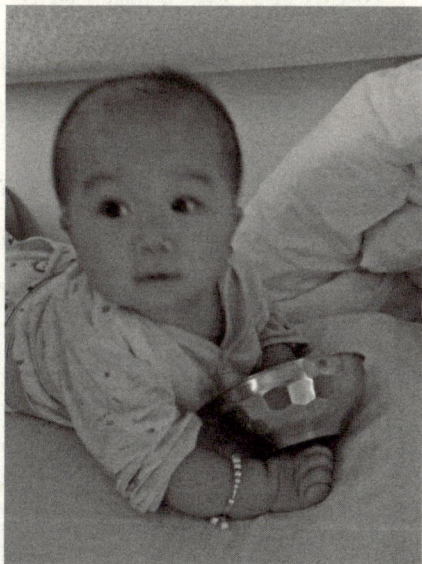

唐晓慧出院后 6 个月照

会有好转的可能。出院回家之后骆老师给我爱人开了一个催乳的方子，我当时去北京中医行抓药的时候，那个医生都不敢给我抓，说里面有黑附子 35 克，那个药的毒性是非常大的。因为孩子的月份过小，只能吸食母乳，所以熬制的中药由我爱人服下，然后孩子通过母乳的吸取，将药物慢慢吸收。几天后孩子的黄疸症状慢慢减退，服药半个月后孩子的黄疸病症已经有所好转了，我们按照这个方法坚持了一个月，孩子的黄疸几乎就完全康复了，肠炎、肺炎、贫血等也随之消失了！现在状态都很好。

　　骆降喜：我们刚刚听到了唐晓慧父亲的分享，这个孩子出生刚 4 天就住院抢救，到 21 天的时候已经不行了，各种现代医疗手段全部用尽，出生刚几天的孩子光"腰穿"就做了 3 次，这样的治疗是极其残酷的。到最后还决定要把气管切开，这么小的孩子气管本来就小，切开之后的结果会怎么样？令人发怵！所以在科技、财力、人力、物力各种资源用尽的情况下，最终只有选择放弃，但又心有不甘。据我所知，他们俩口子是结婚 6 年之后才怀上这个孩子的。在医生放弃的情况下，一个偶然的机会找到我。我的第一反应是，才几天的婴儿，

唐晓慧一岁

这么重的病，又看不见人。我当时并没有想要给她什么
针对性的药物，只是从人性的角度给这位妈妈提了几个
建议：第一，这个孩子必须赶快回到母亲的怀抱。为什
么呢？在中国的传统文化里，对人杀伤力最大的就是害
怕、恐慌。惊恐伤肾，这个孩子生下来才 4 天，就被放
进那个箱子里，插满一身的管子，听不到妈妈的声音，

这是我当年开给唐晓慧妈妈唯一的"催乳方"

闻不到妈妈的气味，感受不到母亲的温暖，接收不到母亲的信息，这时候恐惧对孩子的杀伤力是一般人很难体会到的，这种恐慌完全可以摧毁孩子稚嫩的神经和内分泌系统，整个神经和内分泌系统将会彻底崩盘，什么药物都不会起作用。

第二，必须立即采取母乳喂养。据我所知，唐晓慧自从到了医院之后就再也不吸食母乳了（母婴分离），在重症病房里只能输液、输血，偶尔冲点奶粉，完全不吃妈妈的奶，到最后所有的药都用尽了，连进口的抗生素都用上了，到了无药可用的地步。这种情况下，我就告诉她世界上最好的药就是母乳，母乳是最好的"抗生素"。然而由于孩子二十多天不吃母乳，所以我唯一开的一张处方就是催乳的方子，只由妈妈吃药，再以母乳喂孩子。现在孩子已经一岁半了。母乳是天底下最有营养、最合理的天然营养品，无论多么高级的奶粉，都是无法跟母乳相比的。但是现在很多人有偏见，甚至有些人生完孩子之后为了保持体形优美不哺乳而用牛奶替代，这是天大的错误。母乳拥有至关重要的、唤醒生命潜能的力量，这就是这个孩子后来之所以治疗效果好的一个很关键的点。

　　第三，孩子越小，潜力越大。不要轻言放弃，我当时跟唐晓慧的妈妈说，不要被医生开的诊断书吓倒，什么重症肺炎、重症黄疸、重度贫血、坏死性肠炎、脑出血、低蛋白等，你都不要怕。你一定要相信你的孩子，孩子越小，潜力越大，初生牛犊不怕虎！几天的孩子根本不知道这个病的严重性，关键是做父母的，要相信他。最后孩子得以康复，现在一岁半，我们衷心地祝愿唐晓慧健康成长，拥有快乐、幸福的人生！

　　接下来的时间我把最近我们国家发生的几件重大"医疗改革"事件给大家做一个梳理。2016 年 8 月 19— 20 日，党中央、国务院在北京召开了"全国卫生与健康大会"，习近平主席亲自参与并发表重要讲话。在我所了解的中国近代历史上，国家主席是第一次那么重视国民的健康。习近平主席在会议上郑重宣布："要把人民健康放在优先发展的战略地位……"这是很有见地、很有战略眼光的。这个会议提出一个口号："没有全民健康，就没有全面小康！"大家仔细想一想，如果我们全面小康了，大家却住在医院里，躺在病床上，这个小康又有什么用呢？

　　再就是《"健康中国 2030"规划纲要》。这个纲要我反复读了几遍，这里面很鲜明地提出了三个观点。第一个观点："健康是人人参与，人人有责，共建共享。"健康不仅仅是医院的问题，不只是医生的问题，健康是我们人人都要负责的问题。所以这个纲要的主题思想就提出了一个非常令人振奋的观点，即"自主健康"，把健康交给自己。通俗地讲，就是我的健康我负责。健康的责任和义务就是说，如果你生病了，你是有责任的，是你没有尽到义务。《孝经》讲："身体发肤，受之父母，不敢毁伤，孝之始也。"第二个观点："健康全覆盖。"健康工作必须覆盖到生命全周期。什么是生命的全周期？就是从受精卵开始就关注健康，一直到这个人生命结束，也就是临终关怀。从胎儿，到婴儿、儿童、青年、中年、老年，直到临终。那么这个周期里，哪一段是最关键的呢？这就提出了第三个观点："关口前移。"健康工作必须要关口前移。什么是关口前移？就是院前干预，把疾病挡在医院门外，健康工作越早开始效果就越好，成就就越大，代价就越小。比如，一个先天畸形的孩子，生下来了，这个时候再来处理后面的事，犹如亡羊补牢。有些孩子从妈妈肚子里种下了疾病，出生以后一直住院，你想想，这样的孩子长大后生活会幸福吗？这样的孩子，我们医生要花多大的代价去救治他？所以这个观点，既有先见之明，也有战略眼光。健康前移，关注少年、幼儿、婴儿、胎儿甚至是妈妈的健康将起到事半功倍的作用。我往后会讲解有关妈妈的文化修养。你会做妈妈吗？不见得。所以自古就有母教，即母亲的教育，当然这是后话了。我认为这一次，经历了最近这几次大事件，是时候以我们大学老师的素养，以我们大学老师的责任，以我们医学院老师的医学担当，向全社会宣讲传统文化与健康中国，这就是我此行的初衷。"把健康交给自己，人人都是医生"，就是我今天讲座的主题思想！

谢谢大家！

姜革文（广西师范大学出版社总裁）先生：我在这里跟大家分享一下我和骆老师的因缘。有一个朋友介绍说，骆老师这边有一本特别有正能量的图书可以出版，后来，我们出版了骆老师和唐影合著的那本《战胜癌症，从"心"开始》。那确实是一本令人致敬的好书。我也就此结识了骆老师、唐老师。我是做出版的，也做经营，做了十几年的营销，跟形形色色的人打交道。但是，骆老师是一个特别能让人"放下来"的人，比如说我们跟他谈到版税稿费，反正你给他他也捐出去了，不计较得失。他以奉献为乐，以助人为乐。

《金刚经》里面反复提到，经书重要，法布施重要。菩萨普度众生的方法之一，就是法布施。什么是法布施？就是为人演说，宣讲宇宙、人生、大道真相，让人破迷开悟。就像骆老师今天在这里讲座，记录下来，将来全国各地的朋友都可以分享到他的智慧。我们相信，传播骆老师的这些观点，就是传播福音，就是造福社会。

王立平（桂林市委宣传部副部长）：《大学》开篇云，"大学之道，在明明德，在亲民，在止于至善。"骆老师特别"亲民"，非常谦卑，非常慈悲。谦卑生德水，慈悲出智慧啊！佛家讲"无缘大慈，同体大悲"，他做到了，对待病人像春风般温暖。说句不算夸张的话，病人见到他，和他谈话交流，心里郁积的情结解开了，病都似乎好了一大半！慈悲是良药呀！我们今天的社会就需要这样的正能量。谢谢！

讲座结束后，活动组织者与主要参与人员合影。从左到右：姜革文、蒋文明、乾泽法师、勾明华母女、骆降喜、王立平、唐义志

附录

我在工作之余，组织了不少公益讲座，力求将自己对文化医学的理解和自己的亲身经历结合起来，以帮助更多的人。在这一过程中，结识了许多志同道合的人，有的是学生，有的是商人，有的是农民……身份不同，年龄各异，但对健康生活的期望与渴求却是一致的，他们从自身的角度，诠释了对文化医学的理解和对本书的期待。

道在低处

黄小莎

一个偶然的机会，某金融机构请骆降喜老师在添福楼素食馆给 VIP 客户举行养生讲座。我带着世俗轻慢之心来听，心想这无非是一场千篇一律，借养生卖产品的销售讲座。

可是，我错了。

骆老师一开场，没有讲让大家吃什么、补什么。而是形象生动地讲太阳与男人、大地与女人、白天与黑夜。他把人与自然的关系，男女与自然的关系，三纲五常与自然的关系逐一精彩地解释，整场讲座一直围绕着"人心"展开。他的养生结论是"心养好了，身自然也就好了"。这场讲座，颠覆了大家的常规思维，与其说是"养生讲座"，不如说是一场高级别的"养心讲座"。

　　我当下告诉自己，我遇到高人了，那是 2013 年春天。

　　讲座之后，我开始关注骆老师。骆老师也是素食倡导者，因为这良好的因缘，我们的接触渐渐多起来，我经常向病人介绍骆老师，请他看病。他看病从来不收病人一分钱，在这物欲横流、金钱至上的年代，骆老师就像淤泥中的一朵莲花。他对病人，不分贵贱，不厌其烦，耐心诊治。医者仁心，在骆老师身上我深深地感受到了。由于经常陪骆老师看病，我对骆老师的了解也日渐加深。他给病人看病的方式非常特别，他看病是先看人后看病，有时先看家人后看病人。每看一位病人，他都要和病人进行一至两小时甚至更长时间的交流，往往一场话聊下来，病人都感觉病情已好一半，更有甚者是不药而愈。他特别注重引导病人及其家人改恶向善。给病人调"心"是骆老师看病最为重视的一个环节，他甚至给病人全家调"心"，因此，常常是给一人看病，全家受益。时机不成熟时，他不轻易给病人开药。每好一个病人，常常是好了一整家。

　　这是令我非常感动的。

　　我印象特别深刻的是，他常给病人开的一剂药方叫作"每天做一件好事"，这剂药方不知道治好了多少人。

这是多么奇妙而又简单的药方，这是多么值得我们深思的现象。另外，骆老师给病人看病，方法简单，药费低廉，疗效显著。

近水楼台先得月，我也常常用骆老师的办法，解决自己的一些小病小痛，还很有效果。这让我渐渐对文化医学（中医）产生了兴趣和信心。我发现中医不像大家想象的那么难那么神秘，中医就在我们的日常生活中，就在我们的白天黑夜中。一年四季，吃喝拉撒，皆是中医。人人可学，人人可用。如果大家都有一些中医常识，自己可以解决自己及家人的一些小毛病，减轻大医院的负担，这是一件多么好的事情。因此，我向骆老师发出邀请，希望骆老师能在添福楼素食馆给大家做个中医普及系列讲座，希望有更多的人了解中医、学习中医，并从中受益。所以从2014年至2016年两年的时间，骆老师不辞辛劳，免费给我们讲了"女性文化与中医""太极拳与中医""弟子规的医学价值"，特别是2016年"人人学点中医"8场系列公益讲座，骆老师把深奥的中医文化深入浅出地诠释出来，生动形象，浅显易懂，听者呼声之高，受益之大，出乎我的意料。我是一个医盲，通过聆听骆老师的系列讲座，渐渐也变成了一个中医爱好者，自身小问题基本自己解决。骆老师看病的特点，不是以病为本，而是以人为本，对病人了解了，病就好治了。他看病是先从病人的"心"上下手，先疗心，再疗身。他的这一看病方式具有浓厚的人文特点，同时也具有很好的现实意义。这与当今西医"高、大、上"的治疗形成了鲜明对比。

由于经常接触，我们成了好朋友，我对骆老师有了更深刻的了解。骆老师是一个传奇人物，他是桂林医学院的人体解剖学老师，他是带癌三十多年的幸存者，他是二十多年免费给病人看病的义工医生，他是桂林癌症患者群众组织的会长，他是传统中医的积极推广者，他是文化底蕴深厚的爱心人士，他是"文化医学"的倡导者……如果你有机会接触骆老师，你会感受到他身上有一股强大的正能量和感召力。在他的身上无不体现"大道至简""道在低处"的深厚的人文思想。与他相处，你能深深地体会到他乐善好施、谦和朴素、严谨包容、少欲知足的生活态度。

所以 2015 年春节我请他为添福楼素食馆写了一副对联：

上联：木上加一为末，荤者末也，心浮气躁

下联：木下加一为本，素者本也，心平气和

横批：道在低处

对联一出，得到很多同道及文人的高度评价。

可以说这副对联是骆老师的人生写照，我们通过这副对联来认识、了解骆老师，应该是最好的。

骆老师的经历就是一部很好的医书，有很好的借鉴意义，可以说是一剂治疗"绝症"的"特效药"！我对此书期待已久！

寻师，问道

张玲

　　人生难得，中华难生，医道难闻。"师者，所以传道授业解惑也。"人生若能遇一良师，一生所幸！遗憾的是，今人负笈担簦，踏破铁鞋，也未必可遇良师也。

　　余数年前，于温州医科大学研习中医，本科毕业后于宁波市中医院践行中医临床医疗，见当今中医人多效行西医之理法，结果，理不通、药不真、效不显，陷中医于绝境。期间也遇良师众多，亦有名医，但终未启我童蒙，不得中医之正解。终日诚惶诚恐，战战兢兢，如履薄冰。孔子曰："不患无位，患何以立。"故痛定思痛，决定放弃中医，另辟蹊径。于 2012 年 9 月考入桂林医学院细胞免疫学专业读研究生，欲求西医之正统。然，入学一年有余，终究不得解惑，茫然不知所措。

　　幸 2013 年秋季学期，恩师骆降喜受赵海潞教授诚邀，于研究生课堂分享"癌症新闻"，是为初见。当是时，着迷于其经历，又知其服务于"相约星期六"癌友联谊会并任会长，顿生敬意。后每周六暗寻桂林市园林植物园桂花林处，观师行，闻师言，访病人。师每遇病患，常发菩提之心，不问贵贱贫富，一视同仁。临诊时常常倾耳注目，耐心细致，循循善诱，一丝不苟，以掘其病根，因今之病因常在心性，故师常常先安其神志，约之以常，至于辨证施治，如需附子、半夏、细辛等大偏之药，绝不瞻前顾后，自虑吉凶。详尽有余，每每数时之久。

　　一年后，偶遇良机，得问医之正道。师诚告之：此处为"三无"（无文凭、无证书、无论文）之地，尔若求医之正道，必先自正其心，欲求上乘法，安心、博识、笃行，一以贯之，医之道尽矣！如醍醐灌顶，如沐春风。师命我先诵读《弟子规》《王凤仪嘉言录》《大学》《中庸》《论语》《朱子家训》，再读《六祖坛经》，修己心，嘱："己所不欲，勿施于人！"

　　后有幸随师临诊一岁有余，口传心授，历历在目。吾师行医，妙手回春，实谓苍生大医；为道，立地做

佛，夕死可矣；施教，犹擅博喻，衷行"医学教育始
于人文，终于人文"；为学，如穿井，老手宿儒；为人，
言出必行，知行合一。

　　师怜我求学苦心，不以学识浅薄而鄙弃，诚心教
诲，处处方便，开我茅塞，通我心志，教我修身正法，
引我中医正道。此恩此德，如高山流水，永世不忘。时
至今日，师之言行，犹如明灯，永照心田，终身受益。

（张玲现工作于浙江省宁波市甬江职业高级中学中医基础教
研室）

为医患立命

骆阳康健

　　从记事起我就知道，我父亲毕业于广西医科大学，是一位外科医生，思维敏捷，善于思考，处事果断。因此，从小我对医生的印象就是身穿白大褂、头戴口罩帽子、手拿手术刀，救死扶伤。

　　但是，不知从什么时候起，我发现父亲诊治疾病的方式、方法发生了根本性的改变，他逐渐不再依赖现代科学仪器的检查结果，而是更加注重与患者面对面进行长时间的交流，详细了解患者内心的真实感受，同时花大量的时间对患者进行耐心细致的健康教育，具体到生活的方方面面，诸如性格、习惯、脾气，饮食、睡眠、劳作、职业，兴趣、爱好、道德修养……最后，拟写几味简单的常用中药。

　　我曾经在很长一段时间里不太理解父亲的做法，父亲为何放着在高度发达科技支撑下的现代医学手段不用，反而青睐那些看似过时的传统文化和"土办法"？这实在令人费解。

　　直到我大学五年级，进入临床实习，接触了大量的病人后才有了真实不虚的体悟，渐渐理解了父亲的文化医学理念。或许是因为和平年代，社会安定、丰衣足食，人类健康的头号杀手已经由原来的烈性传染病逐渐变成今天的各种慢性非传染性内科疾病，如糖尿病、高血压、慢性阻塞性疾病、冠心病、慢性乙型肝炎、慢性肾炎、癌症……

　　现代医学目前无法治愈这些慢性非传染性疾病，只能让患者终身服药，缓解症状，尽力改善其生活质量，延缓并发症的发生。然而，随着时间的推移，这些"老病号"的健康状况越来越差，各种并发症不可避免地到来，并逐渐累及全身各大系统，最终使患者在无可奈何的痛苦中辗转。难道就真的没有办法逆转吗？我们仔细分析这些慢性非传染性疾病的病因后惊讶地发现：这些慢性病大多与人们的生活习惯、作息时间、运动方式、饮食、睡眠、情绪甚至世界观、人生观、价值观有着密不可分的联系。也就是说，我们的身体之所以出现各种各样的慢性疾病，一个很重要的因素是我们在生活、行为上出现了偏差。而导致我们生活、行为上出现偏差的，恰恰是我们错误的观念、思想。如果我们在常规治疗的同时，通过健康教育，真正从思想的层面去纠正患者的偏差，让患者明白，健康很大程度上是掌握在自己手中，通过不断的努力"改恶从善"，回归健康生活，那么，即使严重的疾病也未必不可逆转，疾病的最终结局也未必这么可怕。我想，这样简便、廉价、易行、无副作用的方法应该要被重视起来，不应该仅仅是当作可有可无的辅助治疗挂在墙上说说而已，应该大力推广甚至提升为慢性病的"首要治疗"。

出生在这样"特殊"的医学家庭，我是非常幸运的。古人云："磨难是一笔财富。"感恩我的父母，感恩中华优秀传统文化！

愿此书的问世能够为医者拓宽思路，为患者寻找生路！

后　记

出版《思考文化医学——一位大学老师带癌教书 30 年的传奇人生》乃使命所然！

余出生于 1964 年农历霜降节酉时，与"醫"之核心结构"酉"相遇，不知是偶然还是天意。

后弃家传中医而入西医之门，历经生死磨难，最终又回到中医，似乎冥冥之中自有安排。

孟子曰："天将降大任于斯人也，必先苦其心志，劳其筋骨，饿其体肤，空乏其身。"

自古有"医不三世，不服其药"，"同安中医"传到我正好三代。

孔子曰："五十而知天命！"50 岁当是成熟的象征。

2014 年我 50 岁，准备构思《思考文化医学——一位大学老师带癌教书 30 年的传奇人生》，结果，由于唐影老先生时已 83 岁，出于孝道和"抢救"（唐老治癌经验）考虑，于是，决定先出版《战胜癌症从"心"开始》以孝天下！时至 2017 年正好是"丁酉年"，中共中央办公厅、国务院办公厅联合发文出台《关于实施中华优秀传统文化传承发展工程的意见》，自古有"从医入道"之说，反之亦可"从道入医"，此时出版《思考文化医学——一位大学老师带癌教书 30 年的传奇人生》可谓天时已到，顺应潮流而已。

《论语·尧曰》有云："不知命，无以为君子也！"余定当终日乾乾，不敢懈怠，不辱使命，还医学之本来面目。

本书得以出版要特别感谢姜革文、蒋文明、黄小莎、黎松峭、于兰、周思诸位先生以及我的学生黄毅、张玲、耿利军、吴伟洁，他们为本书做了大量文字整理和编排工作并提出宝贵意见，在此一并致以诚挚的敬意和衷心的感谢！时间仓促，书中错漏在所难免，还望读者不吝赐教！